Class Act

|クラス・アクト|

世界のビジネスエリートが必ず身につける

「見た目」の教養

国際ボディランゲージ協会代表理事
安積陽子
Asaka Yoko

Appearance matters for your success.

PHP研究所

クラス・アクト

世界のビジネスエリートが必ず身につける「見た目」の教養

Introduction
はじめに

成功する人たちは「準備ができている」

ニューヨーク――。

世界におけるビジネスや文化の中心地でもあるこの街で、人びとは、華々しい輝きに魅了され、ときに翻弄されながら必死に生き抜こうとしています。

そこにあるのは激烈な競争であり、深く暗い闇。

ホームレスなど貧しい人も多く、貧富の差を強烈に目にすることもあります。移民の割合も多く、確かな階級社会がそこには存在します。

私は、1日数億ドルもの大金を動かすようなビジネスエリートを数多く見てきましたが、彼らがもともと家柄などに恵まれていたかというと、そうではありません。

そのほとんどは血のにじむような努力を重ね、あらゆる差別や困難を乗り越え、超一流の「エグゼクティブ」へと辿り着いているのです。

彼らのような人間を磨き上げる環境がこの街にはある――私はそう感じています。

そのニューヨークで私は、ビジネスパーソンや政治家に向けた「印象管理術」を学び、**「イメージコンサルタント」**としてのキャリアをスタートさせました。

イメージコンサルタントとは、クライアントの外見上の印象を向上させるためのアドバイスを統合的に行なう職業です。

私たちのアドバイスは、**好感度の高い身だしなみや服装、表情の作り方、他人に与える印象をコントロールするためのボディランゲージ、洗練された姿勢や歩き方、握手の仕方、パーティーでの振る舞いやテーブルマナー、写真の撮られ方、ヘアスタイル、健康的で溌剌《はつらつ》とした表情に見せるためのメイク法**など、多岐にわたります。

どうして、彼らはイメージコンサルタントの力を借りてまで外見を磨こうとするのか。

それは、**外見上の印象を高めることが、ビジネスにおける成功の必須条件**だからです。

私はこれまで、ニューヨークに集まってきた世界中のビジネスパーソンたちに接してきました。彼らと接するうちに、ビジネスチャンスをものにして、成果を出す人たちには、共通する「ある特徴」があることがわかりました。

それは、**成功を摑むための「準備ができている」**ということです。

自分のもとにいつチャンスが舞い込んでもいいように、つねに自分自身を万全の状態にしておく「意識の高さ」を持っており、それが「チャンスを逃さない力」になっていたのです。

海外の人から見て、日本人は「役職と見た目が一致しない」

ビジネスに限らずさまざまな分野で、世界中から高い能力を持った人たちが集まってくるニューヨークで、どうにかしてチャンスを摑もうとする人たちの意欲とエネルギーは凄まじいものがあります。

それは謙虚さを美徳とする私たち日本人の想像をはるかに超えているかもしれません。たしかに、世界的にボーダーレス化が進むなかで、グローバルのステージで活躍する日本人も増えています。ところが、日本人は、自分を魅力的に演出したり、上手にアピールしたりすることに慣れていないように私は感じています。

「装い」や「振る舞い」に関しても、どのような場所で何が求められているかを理解していない方も多く見受けられます。

私がニューヨークで、日本人についてよく耳にした評判は、「**日本人のビジネスパーソンは見た目から、その人の立場を判断するのが難しい**」といったものでした。つまり、「**役職と見た目が一致しない**」ということです。

長らく続いた年功序列のせいでしょうか、日本人の経営者やエグゼクティブの方のなかには、立場が上がっても、その立場にふさわしい装いや振る舞いをされていない方が少なくありません。

せっかく素晴らしい内面や実績があっても、それが見た目から伝わらず、「もったいない」と感じることがじつに多いのです。ましてや、**立場にふさわしいイメージを戦略的に作るという発想を持っている方はまだまだ少ない**でしょう。

成功するか否かは「セルフ・ブランディング」で決まる

一方、アメリカでは、「相手からどう見えるか」ということは極めて重要なことと捉えられています。

印象によって実力を過小評価されてしまえば、決して得にはなりません。ポジションが上がるほど、その立場に合った見られ方をされるべきだと考えられているのです。

若い人が上司となり、年配の人をマネージメントすることも珍しくありませんから、若いリーダーたちはとくに、どのように自分を演出すべきかを意識しています。

私たちイメージコンサルタントの需要はそこにあるのです。

実際、アメリカでは多くのビジネスパーソンが、私たちのようなプロの力を借りて、「自分の見た目」を研究するようになっています。

そしていま、**グローバルビジネスにおいて成功するためのカギは、「セルフ・ブランディング」**にある、と確信しています。

「セルフ・ブランディング」とは、その人の資質や教養、知識、能力が、顕著ににじみ出る自分自身の装いや振る舞いを変革して、プレゼンス（存在感）を高めようとする試みです。端的にいうと、「**自分の装いや振る舞いを通して、自分がどういう人間かを一瞬で伝えられる**」**スキル**です。

こうした意識や能力を持つ人と持たない人の差は、今後ますます広がっていくのではないでしょうか。だからこそ、私はそのお手伝いをしたいと考えているのです。

「日本のビジネスパーソンたちが世界で堂々と振る舞い、成功してほしい」

それが本書を執筆するいちばんの目的です。

「すでに成功した人物のように振る舞いなさい」

ニューヨークでは、たとえ成功のラベルを手に入れたとしても、洗練された振る舞いや装い、マナーを知らない人は尊敬されません。ましてや、お金や権力を誇示するだけの成功者は推して知るべしです。

また、成功の階段を上り始めた人であっても、自分のなかに「文化的な資本」つまり

〝教養〟を蓄えていなければ、いつか見えない壁にぶつかるでしょう。

そこからさらに高いレベルに達するには、洗練された振る舞いや、社交上のルールなどを学ぶ必要があるのです。

彼らはそのことに気付くと、印象作りのプロであるイメージコンサルタントのサロンの扉を叩きます。私たちができることは、彼らが自分の個性や外見と向き合い、それらを自分の資産として捉え最大限に磨き上げるためのお手伝いです。彼らが、どこへ行っても注目を集め、優位な立場に立てるような方法をアドバイスしていきます。


「現在のあなたにふさわしい外見ではなく、次にめざすポジションにふさわしい見た目と振る舞いを実現させましょう」


これは、私がクライアントと初めてお会いした際に、必ず伝えるアドバイスです。英語では「**Fake it till you make it.（成功したかったら、すでに成功した人物のように振る舞いなさい）**」。これを合い言葉のように使います。

あるポジションに対する2人の候補者が同じような能力や実績だった場合、採用されるのは間違いなく、そのポジションにふさわしい準備をしてきた人物です。

私たちはクライアントに、数時間にわたって、表情や立ち居振る舞い、装いに関するトレーニングを施します。

トレーニングのなかでクライアントは、自分の特徴や可能性に気付き、セルフイメージが変わって、佇《たたず》まいにも変化が現れます。「最高に似合う」と確信したスーツを身にまとった彼らは、まるで「最強の武器」を携えたかのような高揚した表情を見せます。すべてのトレーニングを終え、サロンを去るその足取りは意気揚々としていて、私はいつも感嘆させられます。

こうして再びビジネスという戦場に戻った彼らは、「準備万端」の状態で、装いや振る舞いを表現できるようになり、次々とチャンスを掴んでいくのです。

実直に自分自身を磨き続ける意識と姿勢があれば、その人の価値や可能性はどんどんと高められていく。それは、これまで接した多くのクライアントが実証しています。

「ずば抜けて洗練されている」と言われるために必要なこと

本書のタイトルにある「CLASS ACT」とは、傑出している人や洗練された立ち居振る舞いができる人のことを意味します。

周囲の人から「際立っている」「突出している」と思われるかどうかは、出会い頭《がしら》のわずか数秒間で決まってしまいます。

逆に「何だか不快な人だ」というネガティブな印象も一瞬で決定づけられます。

したがって、あなたが、この「一瞬の勝負」に勝つためには、普段から自分の見た目を最善の状態に維持しておく必要があります。とくに仕事のパフォーマンスを高めたいビジネスパーソンにとって、この準備は、何よりも重要な仕事のひとつといってもいいでしょう。

そして、**あなたの「見た目」を形作る要素が、「身だしなみ」「装い」「振る舞い」の3つ**です。この3つの要素をレベルアップさせるための具体的な方法を、本書では詳しく説明します。

以前、上梓した『NYとワシントンのアメリカ人がクスリと笑う日本人の洋服と仕草』（講談社＋α新書）では、政治家など著名人のケースを参考に、知っておいてほしい装いや振る舞いのルール（プロトコール）について書きましたが、本書はその実践編だとお考えください。

私が本書でご紹介する方法は、イメージコンサルタントの仕事を通して知り合った**世界各国のプロトコールオフィサーから得た最新の国際基準**に則っています。

加えて、アメリカのリアルな現場で得た知識や経験をもとに、**ニューヨークなどのエグゼクティブたちが、まさにいま実践しているテクニック**を紹介しています。

外見のイメージアップというのは、これまであなたが、ビジネスの現場で培ってきたスキルにくらべれば、少しの知識と気遣いで簡単に改善できるものです。

多額のお金を投資して高級なジムに通ったり、苦痛を感じながらダイエットを強いられることもありません。お金も時間もなるべく掛けずにできる方法を伝授いたします。

ぜひ、**本書でご紹介するテクニックを、3ヶ月間実践してみてください**。一つひとつの方法は決して難しいものではありません。意識を少し変えるだけでできるものばかりです。

これを実践していただければ、3ヶ月後、鏡の中に映る自分は、以前よりも自信に溢れ、オーラが漲《みなぎ》っていることに気付くはずです。ライバルだったはずのビジネスパーソンを大きく引き離していることも実感するでしょう。

本書によって、多くの方が自己演出術を身に付け、「**He is a class act.（彼はずば抜けて洗練されている）**」と言われるようになってほしい、そしてあなた自身が、若い世代の手本となってほしいと、強く願っています。

安積陽子

本書の読み進め方

本書は4つの章に分かれています。

序章では、印象をコントロールするための基本事項を学びます。これは、いわば**私たちイメージコンサルタントが、サロンを訪れたクライアントと最初に行なう「カウンセリング」**です。自分自身をしっかり分析し、自分に何が欠けていて、足りないのかを理解したうえで、第1章以下を読み進めてください。

以下、**第1章「身だしなみ」**、**第2章「装い」**、**第3章「振る舞い」**に分け、それぞれ、レベルアップのための考え方や具体的なメソッドを解説しています。

各章は、初級（Step1）、中級（Step2）、上級（Step3）に分けられ、段階を踏んで理解、実践につなげていきます。

各Stepの対象とゴールイメージ（目標）は、以下のとおりです。

STEP 1

知らないと恥ずかしい基本のルール

対象：若い頃は、外見にそれなりに気を遣っていたが、年齢を重ねるにつれて、あまり気を遣わなくなった人。外見が野暮ったく見える人。大事と思いながらも、見た目について考えることを何となく先延ばしにしている人など。

Goal

ビジネスシーンなどで恥をかかないために、「身だしなみ」「装い」「振る舞い」について最低限、身に付けたいエチケットやマナーを身に付ける。

STEP
2

ワンランクアップのスキルを身に付ける

対象： 重要なポストについた人、大きなプロジェクトを任された人、管理職になる人など、役職に見合った装いや仕草を身に付けたい人など。

Goal ♛

「身だしなみ」「装い」「振る舞い」について意識を変革し、周りから「やっぱり○○さんは、違いますね」と褒められ、評価が高まることをめざす。

STEP
3

とっておきのテクニックを体得する

対象： 外見にはもともと気を遣っており、意識の高い人。より高いビジネスのステージで戦おうとしている管理職、役員など。

Goal ♛

海外のエグゼクティブが実践している洗練された「身だしなみ」「装い」「振る舞い」を身に付けることをめざす。

Class Act

Contents
目次

Introduction

序章 The Counseling 「ふさわしい姿」を手に入れるために

第1章 The Grooming 自己変革を促す驚異の「身だしなみ」

Step 2

Step 3

第2章 The Attire 絶対的信頼を勝ち取るための「装い」 108

Step 1

第3章 The Behavior ライバルに差をつける武器としての「振る舞い」

Step 2

Step 3

Advanced Lesson

The Party

序章

Prologue

The Counseling

「ふさわしい姿」を手に入れるために

“Knowing yourself is the beginning of all wisdom.”

Aristotelēs

「自分を知ることがすべての叡智の始まりである」

アリストテレス（哲学者）

―インプレッション・マネジメント1―

第一印象を決める3要素を押さえる

人の第一印象を決める要素である、「身だしなみ」「装い」「振る舞い」の3つの要素は、それぞれ切り分けて、単独で存在するものではありません。いわば三位一体です。互いに影響を与えながら一体となり、あなたの本質や価値観が、自然とにじみ出るように示します。当然、どれかひとつの要素が欠けていれば、全体の印象は大きく目減りしてしまいます。**ビジネスパーソンにとって、第一印象は唯一無二の「武器」**です。その武器を形作る3つの要素は三位一体であることを、まずはしっかりと理解しておいてください。

大前提を押さえたら、皆さまのことを教えてください。

イメージコンサルタントをするにあたり、私はクライアントのリサーチを徹底的に行ないます。目の前にいるクライアントの姿を見るだけでは不十分であり、過去の写真や映像の記録をできる限り多く探し出します。

たとえば、ある企業のCEOの場合、十数年前からのインタビュー写真や映像の記録を見つけ出し、「コンサルテーション」に活かします。また、あるニュースキャスターの場合は、新人の頃からの映像記録までひっぱり出したこともあります。

こうして過去から現在までの、装いや髪型、メイク、話しているときの表情や姿勢、ジェスチャーなどを細かくチェックします。そうすることで、クライアントの印象の変化や、その人らしさを形成する要素を探っていくのです。

さらにクライアントをより深く理解するために、対面のカウンセリングを行ない、仕事の内容、職場の環境、趣味、ライフスタイル、人間関係、嗜好、今後の目標に関する質問など、多岐にわたるインタビューに答えていただきます。

そのようにして、いまのクライアントに「**ふさわしい姿**」を探っていきます。

「ありたい姿」と「あるべき姿」の重複部分が「ふさわしい姿」になる

注意してほしいのは、クライアントの「ありたい姿」を実現することがゴールではありません。クライアントには、その立場として「あるべき姿」が求められています。その「あるべき姿」も明確にしていきます。

そして「**ありたい姿**」と「**あるべき姿**」**をすり合わせ、それらがちょうど重なる部分に**「**ふさわしい姿**」**があります。**その姿に自分をフィットさせることができたとき、クライアントはもっとも**強力なプレゼンス（存在感）**を発揮することができるのです。

残念ながら、書籍という形では、読者の皆さまをカウンセリングして、一人ひとりのニーズやゴールをお聞きすることができません。

そこで本書では、序章をカウンセリングの代わりとしました。本章を読み進めることで、ご自身で「セルフカウンセリング」を行なえます。

序章を読み、ご自身がどのような印象を与えやすいのか、**自分がどうありたいのか、自分に足りないものは何か**などをしっかりと把握して、第1章以下で紹介する具体的なレッスンへと進んでいってください。

そうすれば、自ずから、自分の望むイメージへ辿り着くための意識の変え方や、具体的なトレーニング方法が見つけやすくなるはずです。

Check!

半年に1度、自分を「ブランド」に見立ててイメージ戦略会議を開く

◎過去から現在までの自分の写真を並べて、評価しましょう

評価すべき点	ダメな点

――インプレッション・マネジメント2――

現在の自分のイメージを正しく捉える

早速、自分の「ふさわしい姿」を見つけるにあたって、まず始めに、いまの自分をできるだけ正確に捉えてみましょう。

大切なのは、**自分の抱いているイメージにこだわり過ぎないこと**です。

本書を手に取っている方のなかには、40代の人も多いでしょう。40代は、男性も女性も更年期に入り、加齢によるホルモン量の低下が引き起こす変化や、身体的な衰えに悩み始める頃です。職場や家庭でのストレスも多いでしょう。年齢や環境が与える心や身体への影響が、見た目にも顕著に現れてくる時期でもあります。

気持ちで若々しさを持ち続けることは必要ですが、身体的な変化は確実に訪れています。若かりし頃の自分のイメージをいつまでも引きずらず、いまの自分の顔立ちや体型が、他者へどのような印象を与えているかを、できるだけ客観的に分析してみましょう。

次ページは自分を分析するためのチャートとなっています。一つひとつチェックしながら、いまのあなたを正しく捉えましょう。

イメージ一覧表

A・顔型から伝わる印象

1 丸顔  ……温厚、親しみやすい、おおらか

2 長方形  ……落ち着いた、成熟した、意志の強い

3 四角形  ……意志の強い、意欲的、頑固

4 卵形  ……バランスのとれた、現代的な、クール

5 逆三角形  ……知性的、繊細、神経質

B・顔のパーツから伝わる印象

1 顔のパーツが中央に集まっている求心顔  ……勝気、まじめ、知的

2 顔のパーツが外側に集まっている遠心顔  ……穏やか、親しみやすい、おおらか

C・顔の濃淡から伝わる印象

1 髪、眉、目、鼻、口のコントラストが大きい……エネルギッシュ

2 髪、眉、目、鼻、口のコントラストが小さい……控えめ

D・肌の色から伝わる印象

1 色白……控えめ・内向的・中性的

2 色黒……ワイルド・積極的・男性的

E・体型から伝わる印象

1 筋肉質……アグレッシブ、ストイック、エネルギッシュ

2 ふくよか……温厚、柔和、自己管理能力の低さ

3 細身……繊細、神経質、理知的

CHECK!

あなたの顔立ち・体型から伝わる第一印象は？

	顔立ち		体型・身体	
A	B	C	D	E
□	□	□	□	□

※該当する数字を入れる

←

Memo

―インプレッション・マネジメント3―

自分が手に入れたいイメージを決める

いまのあなたの顔立ちと体型が、他者へどのような印象を与える傾向があるのかがわかりました。

次は、あなたが自分の見た目と振る舞いを通して周りの人びとへ与えていきたいイメージの方向性を決めましょう。

周りに与えたい印象

それぞれ該当する印象に◎をつけてください

- 誠実、信頼感、実直、知的、冷静、内向的
- グローバル、先鋭的、革新的、創造的
- 溌剌、軽快、若々しい、行動派、健康的
- 洗練、上品、円熟した、正統派
- 厳格、都会的、現代的、垢抜けた
- 清潔感、優しい、穏やか、寛容、柔軟

- 温厚、社交的、親しみやすい、自然体、協調性
- 紳士的、落ち着いた、エレガント、ステイタス、品行方正
- セクシー、ワイルド、男らしい、たくましい、情熱的
- 堂々とした、カリスマ性、大胆、威厳、虚栄心の強い、風変わり
- 野暮ったい、変化に乏しい、保守的、従順、無作法
- 中性的、繊細、ロマンティック、頼りない、神経質

では次に、あなたが他者にどう見られているかを分析しましょう。
今回は、あなたの周りにいる人に少し協力してもらってください。

他者から見た現在のあなた

該当する印象に◎をつけてもらいましょう

- 誠実、信頼感、実直、知的、冷静、内向的
- グローバル、先鋭的、革新的、創造的
- 溌剌、軽快、若々しい、行動派、健康的
- 洗練、上品、円熟した、正統派
- 厳格、都会的、現代的、垢抜けた

- 清潔感、優しい、穏やか、寛容、柔軟
- 温厚、社交的、親しみやすい、自然体、協調性
- 紳士的、落ち着いた、エレガント、ステイタス、品行方正
- セクシー、ワイルド、男らしい、たくましい、情熱的
- 堂々とした、カリスマ性、大胆、威厳、虚栄心の強い、風変わり
- 野暮ったい、変化に乏しい、保守的、従順、無作法
- 中性的、繊細、ロマンティック、頼りない、神経質

診断は以上です。

いかがでしょうか。他者から見てあなたはどう見られていましたか？　予想どおりだったか、それとも意外なものでしたか？

【周りに与えたい印象】と**【他者から見た現在のあなた】**との**ギャップが如実に表れたはずです。**

そのギャップを認識したうえで次にあなたが取り組むことは、ギャップを埋めるために、自分に足りない要素とは何かを考えていく作業です。

そうしておくことで第1章以降を読み進めるにあたり、具体的な戦略を立てやすくなるでしょう。

分析チャート

他者から見た現在のあなたの印象 ⟷ 周りに与えたい印象

自己イメージと周囲からのイメージとのあいだにギャップがあるキーワード

＋ プラスイメージ

－ マイナスイメージ

自己イメージと周囲からのイメージが一致しているキーワード

自分に足りない要素（改善点）

-
-
-

—インプレッション・マネジメント4—

コンプレックスはボディランゲージでカバーする

国際的な学会やパーティーなどに行くと、外国人のなかで存在感を示せなくなる日本人が多いようです。たしかに欧米の人は身長が高く、体格もがっちりとしていて、彼らに比べると日本人は小柄です。

しかし、存在感を示せない理由を体格のせいだけにするのは誤っています。

日本人と同じアジア系の人でも、表情や身体の使い方によって、見事なヴィジュアルイメージ作りに成功している人が存在するからです。

たとえば、NVIDIAのCEOのジェンスン・フアン氏や、アリババ会長のジャック・マー氏です。彼らはいずれもアジア系で、決して身体は大きくありません。しかし、彼らのインタビューやプレゼンテーションから伝わる印象は、非常にダイナミックで情熱的です。

会場の奥まで通る声。言葉と一致したジェスチャー。メリハリのある表情と鋭い目力。身体の横幅を超えた腕の動き。指先にまで力が漲った手の動き。無駄なく切れ味のある振る舞い。

アリババグループ（阿里巴巴集団）の会長
ジャック・マー（馬雲）
Jack Ma

これらはすべて、彼らが意識的・戦略的に行なっている見事なボディランゲージです。

椅子に座ってインタビューされる際、その椅子が大きいと、小柄な人は椅子に埋もれた印象になってしまうものです。しかしジャック・マー会長は、椅子の腕置きをうまく活用し、腕を身体の幅よりも大きく横に広げて座ります。こうすることで横空間を支配し、実際の身体よりも大きなヴィジュアルイメージを生み出すのです。

同様の手法として、ソファに座っているとき、背もたれに片手をかけることもあります。

つまり、**プレゼンスを高めるためには、顔の造形や体型よりも、身体の使い方や表情が大切**なのです。

ジャック・マー氏やジェンスン・フアン氏の振る舞いを見ていると、身体や表情を使ったボディランゲージは、欠点を補う以上の効果をもたらすことができる、と痛感します。

だから彼らはどんな場面でも堂々としていて、つねに注目を浴びるのです。

必要なときにプレゼンスを高める方法

数々の研究が明らかにしていることですが、私たちの身体的な姿勢や振る舞いには、自分の「**心（マインド）の状態**」が強く反映されます。

NVIDIA創業者兼CEO
ジェンスン・フアン
Jen-Hsun Huang

　あなたの周りにいる「仕事がデキる人」「ビジネスで成功している人」をよく見てください。自信にあふれているように見えませんか？　「**これだけ自分はやってきた**」「**できることは十分にやった**」という彼らのマインドが、そう思わせるのです。

　もちろん、あなた自身も周囲の人たちから同じように見られています。あなたの見た目や振る舞いを通じて、身体の強さと能力の高さ、精神力の強さなどが感じ取られています。

　もしあなたがリーダーという立場で、堂々とした振る舞いを見せていれば、周囲は本能的に「**この人に付いていこう**」と思うでしょう。しかし一度、自信のない振る舞いや態度を見せてしまうと、あなたの言葉の説得力は大きく損なわれてしまうのです。

　ボディランゲージの使い方は第3章で詳しくお伝えしますが、ボディランゲージを使って自分の力強さや魅力を高める方法を知ると、必要なときにプレゼンスを高めることができます。

　オーラを持っているか否かは、生まれつきの美醜など関係ありません。**存在感があり、ときにはオーラをも感じさせる人は、誰しもが、スイッチを切り替えながら、必要なときにもっとも望ましい自己像を演出している**のです。

Check!

あなた自身がいま、どのくらいボディランゲージを使いこなせているかをチェックしましょう

- □会話の半分以上の時間は相手と目を合わせている
- □コミュニケーションの目的に合わせて、アイコンタクトの取り方を変えている
- □目の周り・口の周りの表情筋を自由自在に動かして豊かな表情を作ることができる
- □与えたい印象に合わせて、身ぶりの大きさや身体の向きを意図的に変えている
- □相手に与えたい印象に合わせて、頷き方を意図的に変えている
- □相手に与えたい印象に合わせて、相手との距離感を変えている
- □説得力が強まるように言葉のメッセージと身体の動きを一致させている
- □立っているときも座っているときも、体幹がまっすぐに安定している
- □靴二足分ほどの歩幅を取り、膝裏をしっかり伸ばしながら歩いている

目標とする人物がいれば、このチェック項目を参考に、その人の姿勢や佇まい、表情、身振り手振りを分析してみましょう。

その人を丸ごとコピーする必要はありません。あなたならではのオリジナリティは何かを考えながら、独自のプレゼンスを築き上げていきましょう。

――インプレッション・マネジメント5――

武器はつねに最善の状態に磨いておく

「always fully prepared（つねに万全すぎるぐらいの準備をしておく）」

これは、いつ大きなチャンスが巡ってくるかわからないビジネスパーソンにとって、つねに心に留めておきたい格言です。

では、その準備とはどのようなものなのでしょうか。

世界最大規模の財団のトップを務めたM氏の言葉が参考になります。

「**人の見た目は、最大の資産になることもあれば、最大の負債になることもある。必要なときに備えて日頃から十分に準備をし、負債のリスクは一刻も早く、そして確実に取り除いておくべきである**」

これは、M氏自身が、ドレスコードに対して無知であったためにビジネスやソーシャルの場で大恥をかいた経験や、一定の人びとが共有している不文律のルールを知らなかったがゆえに、知らぬ間に評価を下げられた若かりし頃の苦い経験から得た教訓だといいます。

だからこそ、外見を負債とせず、資産として築き上げる準備を怠るなと説いているのです。M氏はこの言葉を、息子さんたちが幼い頃から、折に触れて伝えてきたそうです。

同様の言葉は、M氏と同じような叩き上げの成功者からも多く聞きます。

上層階級で生まれ育った人ならば、装いや振る舞いに対する知識や知恵は、その家で代々受け継がれる文化資産として継承されているでしょう。

しかし、そういう人は稀です。多くの人びとは、自分自身で努力をして、学んでいくしかありません。

外見と持ち物から「段取り力」「美意識」が読み取られている

では、なぜ外見が成功を左右するのでしょうか。

私がこれまで出会ってきたグローバルリーダーたちは、けっしてファッションオタクでもなければ、とりわけ神経質というわけでもありません。

彼らが相手の外見に見出そうとしているのは、ファッションセンスではありません。彼らはつねに高い基準を自分に課して、自らの外見をストイックに管理しているからこそ、**外見が成功の決め手となる**ことを熟知しています。そして、**その能力がビジネスにもつながるものと考えてい**

るわけです。

たとえば、大雨が降っているのに、雨に強くない高級な靴を履いている人がいたとします。彼は出掛ける前に、天気予報をチェックしなかったのでしょう。

これだと、先を見通して準備をする「段取り力」が低いといわざるをえません。ましてや最高級の靴を身に着けながら、ビニール傘を差していたとしたら、その「美意識」にも疑問符がつきます。

また、お座敷での会食で、指先の擦れた古い靴下を穿いているのでは、やはり「段取り力」や「美意識」に欠ける人物であると思われてしまうでしょう。

持ち物には、その人の本質が表れます。靴や鞄といった小物も含め、自分が身に着けているものを他者が見たときに、どのような印象をもたれるでしょうか。

第三者の目で一つひとつ吟味しましょう。

Check!

あなたの持ち物について、周りの人から意見を聞きましょう

□ **ベルト** Belt

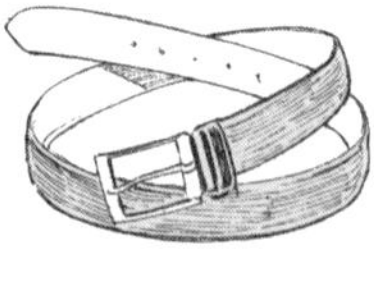

□ **メガネ** Eye Wear

□ **シャツ、ネクタイ** Shirt & Necktie

□ **腕時計** Watch

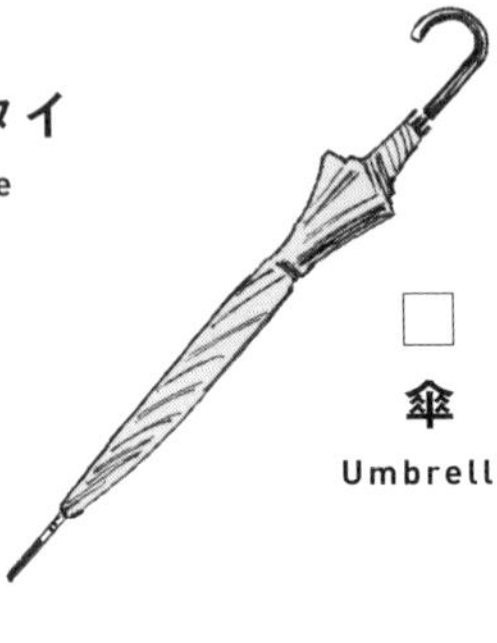

□ **傘** Umbrella

―インプレッション・マネジメント6―

「経営センス」は見た目に表れる

私のクライアントの一人に、金融業界やIT業界などさまざまな業種を渡り歩き、アメリカやヨーロッパなどで現地法人のトップを務めたグローバルエリートがいます。

彼に、装いで心掛けていることを尋ねると、「**毎朝5秒でコーディネートを完成させられるように、ワードローブを揃えている**」そうです。とくに驚いたのは、「**転職の度に、ミリ単位でスーツのシルエットを変えている**」という話でした。

たとえば、銀行からIT系の会社に移った際は、同じダークネイビーのスーツでも、ウエストやパンツの幅をミリ単位で絞ったそうです。理由は「スピーディーな印象を演出するため」ということでした。

わずか数ミリの変化ですが、その微調整が醸し出すものには、敏感な人は気付きますし、周囲の人の無意識にも働きかけるでしょう。

時代や環境の変化に敏感で、何を求められているかを察知できるからこその微調整であり、日頃から自覚的に感度を高める努力をしていなければ、できないことです。その能力は当然、「**経営センス**」にも通じると思います。

この話を聞いて、多忙を極めながらも、そこまで計算して準備し尽くすことができるのかと、思わず驚嘆しました。こうした「**準備する能力**」は、ビジネスの現場でも、気持ちの余裕を生み、落ち着きのある威厳を伴ったオーラとして表れていることでしょう。

Check!

時代感覚をうまく自分に反映するために、普段、何ができているかをチェックしましょう

□若い人と積極的に交流している
□感性を研ぎ澄ませられる場所におもむいている
□美意識を高めるために芸術に触れている
□読んだことのないジャンルの本を積極的に手に取る
□日常を逸脱する経験をよくする
□海外のニュースメディアを意識してチェックしている
□自分の業界以外の人と話したり、他業種のセミナーに参加して人脈を広げている
□自分の業界でもっとも影響力のある人や、質の高い情報を持っている人とつながっている
□各業界でいま一番注目されている人物の特徴をつかむようにしている
□本物の目利きとなるために一流のモノに触れている

—インプレッション・マネジメント7—

「ニオイ」と「歪み」を徹底的に排除する

私たちは、ある人と取り引きをすべきかどうかを決める際に、その人の肩書きや実績、利害関係なども考慮しますが、その判断に最も大きく影響するのは、じつは五感を通して得た情報です。

私たちは視界に入った人物に対して、即座に、かつ自動的に直感を働かせます。**相手の表情や姿勢、仕草、そしてニオイなどから、「自分にとって不快な人か、心地よい人か」を瞬時に判断する**のです。この直感で下された判断は、その後のコミュニケーションに大きな影響を与えるといわれています。

つまり、ある人に対し、初対面で異常シグナルを感知してしまうと、その後、どれだけ表面上は平静を装っていても、その人に対しては、脳の中では自己防衛センサーが働き続けるのです。とくにニオイは、感情や本能を支配する大脳辺縁系に直接届いて、本能的な感情をもたらしているといわれており、その人のニオイによってネガティブなイメージが生まれてしまったら、それを覆すのは至難の業となります。

なぜ、見た目やニオイを気にしてしまうのか

私たちがなぜ見た目やニオイを判断の拠り所にするかというと、その理由は2つあると考えられています。

ひとつは、**見た目やニオイが、精神や身体のコンディションと直結するから**です。ニオイも肌もその人の健康状態を表しています。それらが清潔なら問題ありませんが、不潔な人は、精神的、肉体的に何かしらの問題を想定させるので、私たちは本能的に避ける傾向があるということなのでしょう。

もうひとつの理由は、**見た目の左右対称性が病気やストレスに強いことを示すひとつの手がかりとなるから**です。

私たちの遺伝子は、母親の胎内にいるときに、母親がいた環境や健康状態によって、影響を受けることがあります。たとえば母親の栄養不良や感染症などの問題と、幼少期の顔の歪みは関連性がある。さらに、その歪みは、子供が病気になるリスクを高め、大人になってからも感染症や生活習慣病になるリスクを高めるといわれています。

このため私たちは、人の顔や身体の歪みから、健康状態や免疫機能を推し測っているのです。

もちろん完璧に左右対称な人など一人もいません。一見、顔や身体のバランスが整っているように見える人でも、正確に測ってみると、ほとんどの人が歪みを持っていて、左右も非対称です。

また**「片側の歯ばかりで食べ物を噛む」「片側の身体ばかりを下にして眠る」「片手でよく頬杖をつく」「利き手ばかりで重いものを持つ」**といった日常の行動も、歪みを発生させやすくします。

だからこそ、誰しもが持っている歪みを、できるだけ感じさせないような振る舞いを心掛けることが大切になってくるのです。

Check!

スマホのカメラ機能などを用いて、チェック&チェンジ

①顔の正面、左側面、右側面を撮影して、自分の表情の歪みをチェック。

②壁に後頭部、両肩、お尻、かかとをつけてまっすぐに立った姿を撮影し、姿勢の歪みをチェック（P48参照）。

※このとき、背中と壁との間には手のひら1枚分のスペースが空いているのが理想的。この姿勢がキツイようならば、歪みが生じている証です。

③歪みを生じさせている生活習慣や癖を見直しましょう。

column

幼少期に乗馬やバレエを習わせる欧米

欧米では、歯並びを矯正するのと同じように、体の歪みも幼少期から可能な限り矯正します。ガニ股やO脚は、育ちが悪い印象を与えるので、親は口うるさく子供たちの立ち姿を注意します。

ヨーロッパではフェンシングや乗馬、バレエが長く好まれ続けていますが、その理由は、**徹底的に体幹を鍛え、負荷のかかる姿勢をコントロールする力を身に付ける**ことで、一生損をしないためなのでしょう。

正しい姿勢のポイント

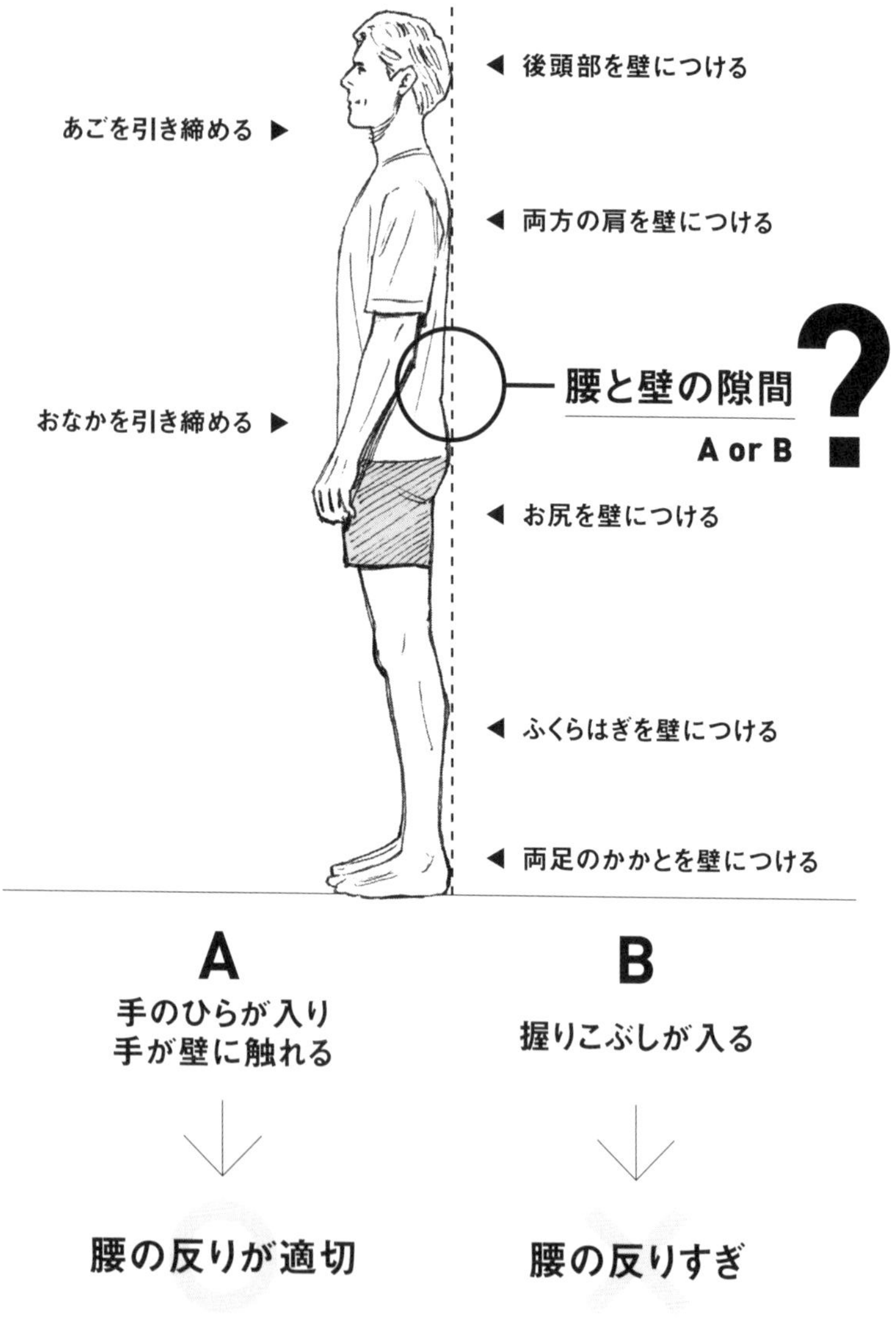

後頭部、両肩、お尻、ふくらはぎ、かかとを壁につける。耳、肩、くるぶしが一直線になるのが正しい姿勢。（ウエストの裏部分には、拳ではなく、手のひら1枚程度の隙間ができるのが理想的）

―インプレッション・マネジメント8―

自己演出力の向上のために習慣化を

この章を読まれて、自分を客観視し、自分に足りないものや必要なものが少しずつ見えてきたことでしょう。

次章からはいよいよ「実践編」です。ニューヨークのエグゼクティブたちが、いままさに実践する具体的なメソッドをご紹介しますので、その中からあなたに合うメソッドを見つけ、ぜひそれをリストアップしてください。そしてそれを毎日続けてください。

最初は意識して取り組むことが必要だと思いますが、しばらく経てば、習慣づけられて、負担なく続けられるようになるでしょう。**まずは行動、そして習慣化**です。とにかく続けていただきたいというのが私の願いです。

ではいつまで、磨き続ければいいのでしょうか。

「**○○さん、最近、雰囲気が変わりましたね**」

周囲の誰かから、この一言を掛けられることをめざしましょう。

見た目は自己評価ではなく、やはり周りから認められて初めて、変わったことになります。「○○さんは、やはり違いますね」「いつも素敵ですね」という褒め言葉がもらえるようになれば、しめたものです。褒め言葉がモチベーションになり、さらにご自身を磨いていくことができるはずです。

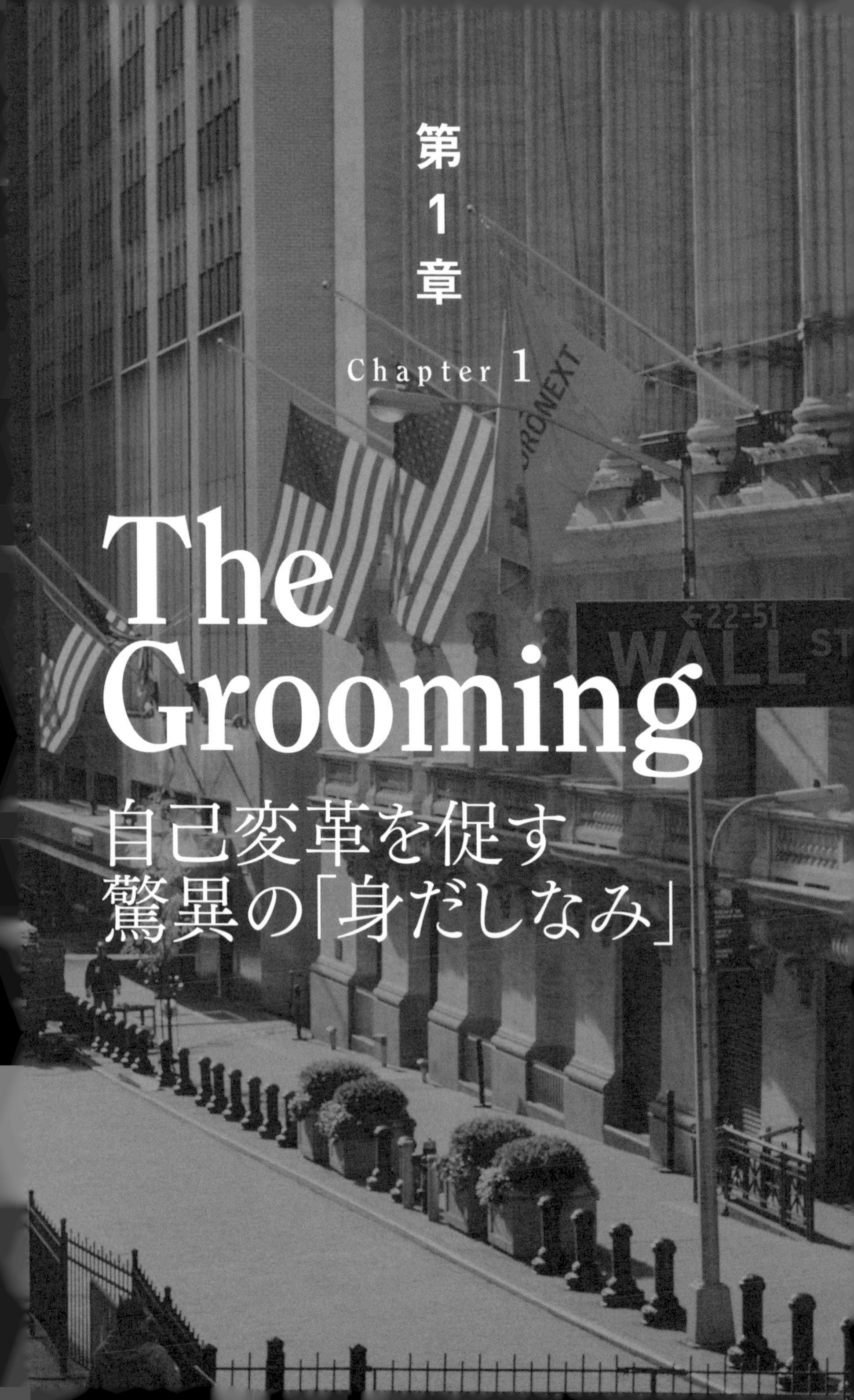

第1章

Chapter 1

The Grooming

自己変革を促す驚異の「身だしなみ」

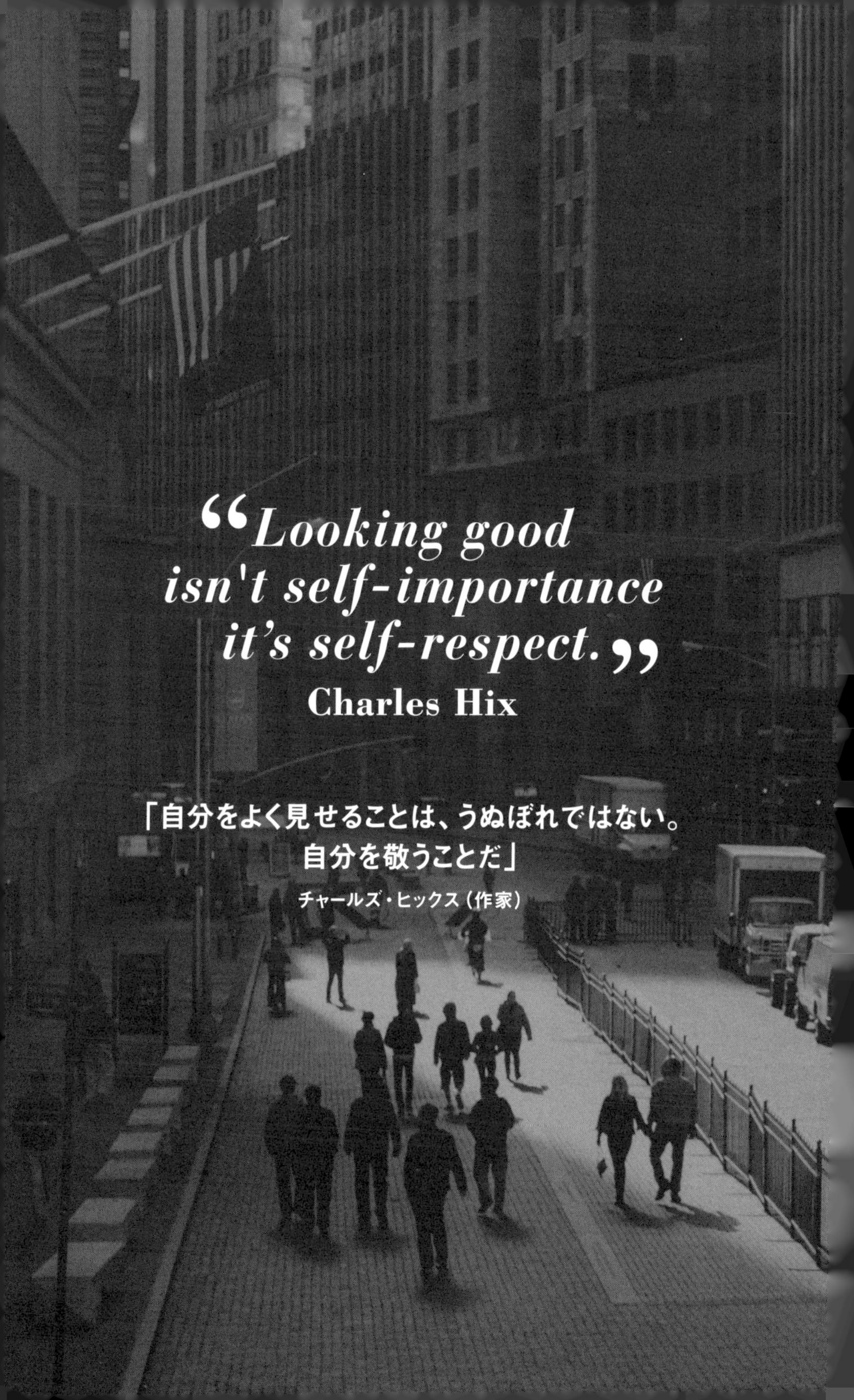

"Looking good isn't self-importance it's self-respect."

Charles Hix

「自分をよく見せることは、うぬぼれではない。
自分を敬うことだ」

チャールズ・ヒックス（作家）

Step 1

Mouth Care

Skin Care 1

Skin Care 2

Scalp Care 1

Scalp Care 2

UV Protection

Hair Set

Check List

セルフチェックで改善ポイントを把握する

当てはまる項目にチェックして、自分の課題を把握しましょう

- ☑ 肌に健康的なツヤ感がない
- ☑ 髪にコシやツヤ感がない
- ☑ 爪や指先が乾燥していて、ささくれができている
- ☑ 朝起きたときに口の中が粘《ねば》ついている
- ☑ 歯を磨いたときに、歯ブラシに血がつくことがある
- ☑ 食後に歯ブラシやフロスは使わない
- ☑ 自分の身だしなみを確認するのはトイレに入ったときだけ
- ☑ リップクリームやハンドクリームは女性のためのものだと思っている
- ☑ 体臭対策グッズをひとつも携帯していない
- ☑ 携帯用の靴磨きを持っていないし、職場にも置いていない
- ☑ 替えのシャツや靴下を職場に置いていない
- ☑ (急なトラブルや予定の変更に対応できる)替えのネクタイを職場に置いていない
- ☑ 夏以外は日焼け止めを使わない
- ☑ 3年以上同じスキンケア用品やヘアケア剤を利用している
- ☑ 自宅に全身がチェックできる鏡がない

口臭ケアの基本 | Mouth Care

35歳以上の8割が歯周病！口臭がキツイ日本人

Point **口臭対策はたった1分、「フロス&舌ブラシ」で最低限のケアを**

「どうして日本人の息は臭いのか？」

日本を訪れた外国人の多くが驚くのが、日本人の口臭だといいます。空港での入国審査のスタッフ、タクシーの運転手、公共機関で乗り合わせた人びと。なんと72%もの外国人が「日本人の口臭が気になった経験がある」と回答しています。

日本人は体臭がきつくないため、口臭もひどくないと思っているかもしれませんが、マウスケアに対する意識はそれほど高いとはいえません。

「毎朝しっかり歯を磨いているから大丈夫」ではありません。

なぜなら、**口臭は自分では自覚できていないことが多い**からです。

嗅覚には順化システムというものがあり、最初は気になっていた自分の口臭も、時間の経過とともにニオイに馴れ、次第に気にならなくなってしまうのです。

パナソニックが行なった調査では、7割を超えるビジネスパーソンが、ビジネスシーンで「他人の口臭が気になったことがある」と回答しています。とくに女性は男性よりもニオイに敏感で、**女性の2人に1人以上が、口臭が原因で「仕入れ先との取引をやめた」「担当者が変わるまで面談を控えた」**と回答しています（江崎グリコが20～50代の男女の就業者計824人を対象に実施した、ビジネスシーンにおける口臭ケアについての調査）。

欧米人のほうが体臭や口臭が強いと思っている人は多いようですが、アメリカのエグゼクティブ層の人たちのなかで、口のニオイが気になるという人は滅多にいません。**口が臭いというだけで、ビジネスパーソンとしては「失格」の烙印を押されてしまう**からです。日本人の口臭に関する意識はアメリカ人と比べて高いとはいえず、口臭に関してはいますぐに意識を変えるべきだと思います。

では、「自分は息が臭いかもしれない」と思ったら、どうすればいいでしょうか。口臭対策はその要因によって対策が異なります。口臭の原因は主に次の3つです。

①生理的口臭（口の中の細菌が原因）

嫌われないための最低条件
清潔感を色気に変えるメソッド
最上級のセルフメンテ
絶対に見られる基本のキ
格が上がるディテール・テク
ハイクラスが実践する習慣
イメージアップの大原則
印象を残す戦略的スキル
究極の自己演出

②飲食由来による口臭（ニンニクやニラ、ネギ、お酒、コーヒーなど。タバコも含む）
③病的口臭（虫歯、歯周病、歯槽膿漏、便秘、下痢など）

日本人の場合、③の病的口臭が原因の人が多く、35歳以上の8割が歯周病にかかっているといわれています。これは日頃のマウスケアを怠っていることが原因ですから、思い当たる方はご注意ください。

③のケアに関しては、Step2で詳しく説明いたします。ここでは①の生理的口臭と②の飲食由来による口臭の予防方法を紹介しましょう。

口内を清潔に保つための「3つの習慣」

あなたは普段、食事の後にどのようなケアを行なっていますか？

昼食時に日本のビジネス街にいくと、焼肉や生姜焼き定食などを食べているビジネスパーソンの姿をよく目にします。

せっかくのランチですから、好きなものを食べていいのですが、問題は、食事が終わってから「何もしていない」方が多いことです。そうなれば当然、②の飲食由来による口臭を引き起こします。ニオイが強く、味の濃い食べ物を口にした後はとくに、周囲に異臭を振り撒いていると思ったほうがいいでしょう。

歯磨きをせずに、ミントタブレットを口に放り込むだけという人も少なくないようですが、これも問題です。

あまり知られていませんが、**ミントタブレットの持続効果は一時的**で、根本的な解決にはなりません。逆にミントを食べると、一時的に口の中の唾液の量が減って口が渇くため、口臭が強まる可能性があります。

歯や歯茎に隙間があると、その隙間に食べ残しが入り込み、細菌が繁殖しやすい環境となります。細菌が繁殖すればニオイを発生するために、口臭がさらにひどくなります。①の生理的口臭（口の中の細菌が原因）の状態です。

口内を清潔に保つために、最低限、次の3つだけは、習慣化しましょう。

・食後の歯磨きを欠かさない

歯ブラシを使用している方は、できたら**電動歯ブラシ**を使ってみましょう。歯石や食べ残しの取れる量がまったく違います。最近では、持ち運びに便利なペン型の電動歯ブラシも増えているので、外出先でも気軽に使えます。

・歯磨き後に、デンタルフロスを使う

歯ブラシで落ちる汚れはたった6割といわれています。

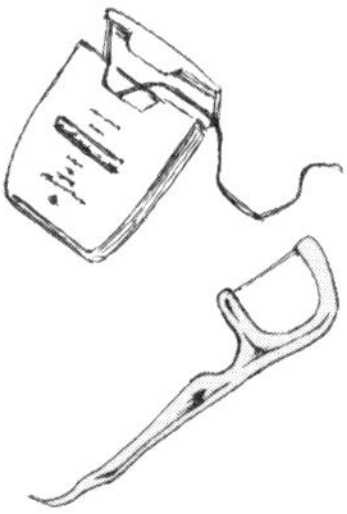

デンタルフロス
Dental Floss
鞄、職場、自宅などつねに携帯するのが常識

そこで**デンタルフロス**を使い、歯の隙間に挟まった食べ残しをきれいに除去しましょう。歯ブラシだけでは磨き残しが多いことを実感できるはずです。さらにデンタルリンスや舌ブラシで口の中をクリアにすれば、食後のオーラルケアはバッチリです。手間が掛かるように思われるかもしれませんが、慣れて手際よくやれば、この工程は**たった1分で終わります。**

・毎日、1・5ℓから2ℓの水分を摂るようにして、口内を乾かさない

最後に、口内乾燥対策です。毎日、1・5ℓから2ℓの水分を摂るようにして、口内を乾かさないようにしましょう。人前に立って話したり、商談をするときなどは、緊張感で口が渇きます。口内の渇きは口臭の原因になりますから、普段から水分を多めに摂って、口内に潤いを保ちましょう。

また、口呼吸も口の中を乾燥させます。**口元が開きがちな人は、口周りの筋肉を鍛えましょう**（P220参照）。

ここで述べた3つのポイントは、口内を清潔な状態に保つための最低条件です。さらに、歯科医で本格的なデンタルケアを、定期的に施してもらうことが必要ですが、まずは、どこでも実践できるオーラルケアとして、この3つを習慣化することから始めてみましょう。

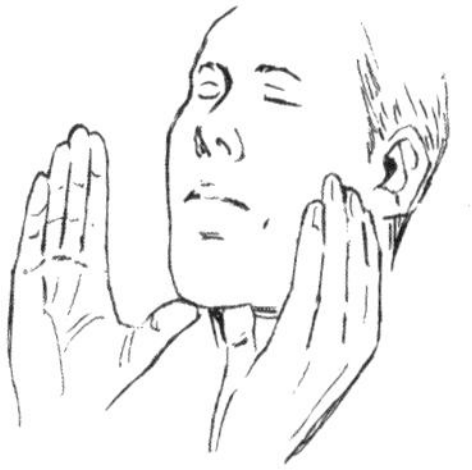

One Point Lesson

唾液には、口内の浄化や抗菌をする作用があります。唾液がしっかりと出るよう、無糖のガムを頻繁に噛んだり、唾液腺をマッサージしたりするのも効果的です。

肌ケア | Skin Care | 1

男性もスキンケアは必須

Point **自分に合った男性用の化粧水と乳液を購入する**

見た目に関するある興味深い調査があります。「顔立ちは整っているが、肌の状態が悪い人」と「顔立ちは良くないが、肌がキレイな人」とを比べた場合、どちらの評価が高いかを調べたものです。

結果は、前者の「顔立ちは整っているが、肌の状態が悪い人」と、後者の「顔立ちは良くないが、肌がキレイな人」の評価が、ほぼ同じになることがわかりました。**肌のコンディションの良さはその人の魅力を引き上げてくれますが、肌のケアを怠っている人は、逆に魅力を引き下げてしまっている**のです。

また資生堂が20～50代の男女を対象にアンケートを実施したところ（2018年）、**女性の58・3%がビジネスシーンで会った男性の肌をチェックしている**ことがわかりました。これは男性の約1・4倍です。

また、ほかの調査でも、「**肌がきれいな男性は仕事ができるように見える**」「**肌がきれいなほうが得をする**」「**肌がきれいだと自分に自信が持てる**」といった意見が多く見られます

（図版参照）。

肌のコンディションは、ビジネスパーソンの印象を左右するだけでなく、その人の魅力を決める大きな要素といえます。身だしなみというと、毛髪や体毛を最優先に意識する男性は多いですが、**ホルモンの関係から衰えが見え始める40代以降は、「肌」のケアを優先したほうがいい**でしょう。

肌の変化に合わせて洗顔料を変える

「普段のスキンケアは洗顔だけ」という男性もいますが、男性も女性と同じくスキンケアは必要です。老化が目立つ前に、なるべく早い段階から化粧水と乳液をつける習慣を身に付けましょう。

「皮脂量が多いから化粧水や乳液は使わない」という方がときどきいますが、20代、30代では皮脂量が多かった人も、40代に入ると、乾燥肌へと変わっていきます。

洗顔料も、皮脂量の多い20〜30代は、スッキリ、サッパリする洗顔料でも、**乾燥肌になり、シミやしわ、くすみが目立ち始める40代以降**

スキンケアに関する考え方

			そう思う	ややそう思う	あまりそう思わない	そう思わない	TOP2合計
男性も肌がきれいな方が得をする	全体		28.0	51.2	18.4	2.4	79.2%
	肌のお手入れ頻度	日常的	48.1	46.9	3.7	1.2	95.1%
		たまに	34.7	50.7	13.2	1.4	85.4%
		していない	18.5	52.7	25.5	3.3	71.3%
肌がきれいな男性は仕事ができるように見える	全体		11.2	41.6	39.4	7.8	52.8%
	肌のお手入れ頻度	日常的	24.7	46.9	23.5	4.9	71.6%
		たまに	12.5	50.0	31.9	5.6	62.5%
		していない	6.5	35.6	48.0	9.8	42.2%
肌がきれいだと自分に自信が持てる	全体		20.8	50.8	24.4	4.0	71.6%
	肌のお手入れ頻度	日常的	43.2	46.9	8.6	1.2	90.1%
		たまに	22.2	55.6	20.8	1.4	77.8%
		していない	13.5	49.5	30.9	6.2	62.9%

大塚製薬「20〜60代男性500人に聞く　スキンケアに関する意識調査」2014年

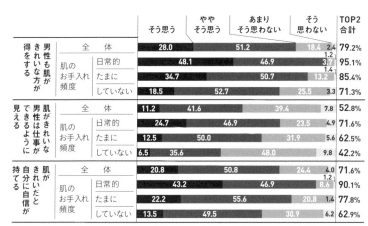

は、潤いを補充する洗顔料に変えましょう。

もちろん、肌質やシミやしわの出方は人それぞれです。自分の肌質やタイプを意識して、使用する基礎化粧品を選びましょう。

どんな基礎化粧品を使えばいいか分からないという方は、プロに任せたほうが無難です。伊勢丹メンズ館や阪急メンズ東京は、男性のスキンケアコーナーが充実しています。また、ファンケル、資生堂、ＰＯＬＡでは、スキンケアチェックや最新の機器を活用したカウンセリングが受けられ、将来の肌の状態も想定して、自分に合った化粧水や乳液化粧品やサプリメントを選ぶことができます。

最近では男性のお客さんも増えてきていますので、一度カウンセリングを受けてみてはいかがでしょうか？

One Point Lesson

毎日ひげを剃る男性と、毎日メイクをする女性ではスキンケアの方法は違ってきます。女性と同じスキンケア用品を使うのは基本ＮＧです。家族と同じものを共有するのではなく、自分の肌に合ったケアアイテムを揃えましょう。

column

他国のスキンケア事情

日本は他国と比べるとスキンケア実施率が低いというデータも。
日本、アメリカ、中国、韓国、タイ、ドイツ、インドネシア、シンガポール、イギリスの9ヶ国を対象にスキンケアの実施率（スキンケア製品の自身での購入と使用率）を調べたところ、**日本は51.3％で9ヶ国中の最下位**でした（リッチメディア調べ）。

肌ケア｜Skin Care｜2

正しいスキンケアで精悍な顔つきに

Point　洗顔→化粧水→乳液の順番でケアする

続いてスキンケアの具体的な方法です。

外出する日中だけでなく、夜寝ている間も、肌は意外に汚れるものです。その汚れを放っておくと、肌がダメージを受けるだけでなく、毛穴も広がります。

そうなると、そこに、細かいゴミや化学薬品が入ってきやすくなります。

そこで**朝と夜の2回**、しっかりケアして、肌のコンディションを整えましょう。

スキンケアで大切なのはつける順番です。「**洗顔→化粧水→乳液**」という基本の流れを守りましょう。洗顔だけでは、汚れがすべて落ちないので、化粧水で残った汚れを落とし、乳液で入念にケアをします。

洗顔では、決して肌をゴシゴシこすらないでください。肌にラップが貼り付いているのをイメージして、そのラップがよれないように泡を転がすようにして、汚れを落としましょう。

化粧水や乳液をパンパンと顔に叩きつける方がいますが、肌を刺激して傷めるだけなのでやめましょう。**肌に染み込むように、優しく馴染ませてください。**化粧水はコットンに染み込ませて使うと、ムラなく肌に塗ることができます。

目の周りのクマやくすみが気になる方は、仕上げに、メンズ用の**フェイススチーマー**を使うと効果的です。就寝前にスチーマーを10〜20分ほど顔に当てると、リンパの流れが促進されて、血行が良くなるだけでなく、顔周りに溜まっている不純物が除去されます。翌朝は、顔のむくみが取れることで顔の輪郭がシャープになり、精悍な顔つきになります。

フェイススチーマーは、プレゼンなど人前に立つときや、写真撮影の前日に使えば、効果的です。ぜひ、試してみてください。

One Point Lesson

フェイススチーマーを使うより手軽にスキンケアをしたい方は、ホットタオルで代用しましょう。水滴が垂れない量の水をフェイスタオルに含ませ、ラップで包むか耐熱皿において電子レンジで30秒〜1分ほど温めます。温かくなったタオルを顔にのせて肌を温めましょう。

これだけでも十分、顔の引き締め効果が出ますので、ぜひ試してみてください。

（蒸しタオルの後は乾燥しがちですので、化粧水&乳液で保湿することもお忘れなく）

頭皮ケア ― Scalp Care ― 1

肩の上のフケは一発退場

Point フケの増加に気付いた時点で皮膚科に通う

挨拶もスマート、笑顔も身なりも完璧。ところが背中を向けると、肩に白い粉……。日本人は、自分の「フケ」に対する意識が低いように感じます。政治家でもビジネスパーソンでも、肩にフケをのせている方が珍しくありません。

しかしこれでは「自分は不健康だ」とアピールしているようなものです。日本人の黒い髪色は、フケが目立ちやすいので、ヘアケアにはもっと意識を払ったほうがいいでしょう。とくに40代以降になると、自然と抜け毛の量も増えますし、毎日、丁寧に洗っているという方でも、皮膚が乾燥して、フケが出やすくなりますから、要注意です。

フケには加齢や環境、気候の変化によるものだけでなく、体質によるものと、ストレスから発生するものがあります。いずれの原因でも、皮膚科で診てもらうのが一番です。

頭皮に塗布する液状の薬は市販されているものもありますが、病院で処方される薬のほうが効果は大きく、改善は早いでしょう。

自宅で使用するシャンプーもきちんと選びましょう。若い人が使うような皮脂量を抑えるシャンプーを、40代以上の人が使うと、頭皮がパッサパサに乾いた状態となり、さらにフケが増えてしまいます。**保湿効果の高いものなど、頭皮の状態に応じたシャンプー**を選びましょう。

出先で突然、頭皮にかゆみが生じ、フケが気になりだしたら、かさつきを抑えるための**頭皮保湿ローション**が、薬局などで販売されています。緊急時には、利用してみましょう。

One Point Lesson

首の付け根や背中は自分では見えにくい部分です。誰かに会う前には、フケやほこりをはたく癖をつけましょう。鏡の前では、横や後ろ姿もつねにチェックを。

頭皮ケア | Scalp Care | 2

ヘッドスパでディープクレンジング

Point **シャンプーブラシで後頭部重視のウォッシングを**
Point **美容室のヘッドスパを予約する**

あなたは普段のシャンプーでどれだけ後頭部を意識しているでしょうか。

40代、50代の男性が髪を洗うときに、もっとも丁寧に洗っていただきたいのが「**後頭部**」です。40代、50代になると臭いだす、いわゆる「**加齢臭**」は、**後頭部の張り出している部分から、もっともニオイを発している**といわれています。

前頭部に比べると、後頭部はあまりしっかりと洗えていないことが多いため「**シャンプーブラシ（頭皮ブラシ）**」を使うのもおすすめです。ブラシの細かい先端部分が頭皮の汚れをしっかり落としてくれます。頭皮の血行を促すように洗いましょう。

また、「**ヘッドスパ**」もおすすめです。

頭皮のひとつの毛穴からは、じつは2～3本の髪の毛が生えています。髪の毛がぎゅうぎゅうに詰め込まれた毛穴には、ワックスやジェル、ほこりなどが入り込み、これをきちんと洗い落とせないままでいると、薄毛などのダメージを引き起こします。指先で毛穴の奥まで根こそぎ洗うのはなかなか難しいものです。

できたら数ヶ月に一度は、美容室などでヘッドスパを受けるようにしましょう。ヘッドスパを受ければ、毛穴まできれいになりますし、気持ちもスキッとしますから、ぜひ試してみてください。

One Point Lesson

短髪だからといって、タオルドライだけで済ませたり、髪先だけドライヤーを当てて終わりにしていませんか。中途半端な乾かし方は、頭にカビが増殖する原因になり、頭皮がダメージを受けてフケが出てきます。カビの増殖を防ぐために、髪の根元に水分を残さないように乾かしましょう。頭皮へのダメージを防げるだけでなく、髪の寿命も大きく延びます。

日焼け | UV Protection

紫外線は老化を促進、頭皮ケアも忘れずに

Point 冬でも1日1〜2回日焼け止めを塗る

一般的に男性は女性に比べると紫外線に対する意識が低いものですが、**紫外線は肌にダメージを与え老化を促進するだけでなく、皮膚ガンをも引き起こす要因となります。**

紫外線から肌を守る日焼け止めは、女性だけでなく、もはや男性にとっても必須のアイテムといっていいでしょう。

紫外線の種類は2つ。

UV-B（紫外線B波）は、主に肌の表面に作用し、日焼けや炎症、シミや色素沈着を引き起こします。UV-A（紫外線A波）は肌の内部に作用し、しわやタルミを引き起こし、いずれも肌の老化を促進します。

紫外線は一年中降り注いでいます。とくに日本では冬の紫外線もあなどれません。雪は紫外線の反射率が80%にもなりますから、雪が積もっている晴れの日は、空と地上から紫

外線を受けることになります。**日焼け止めは、季節に関わりなく、1日に1〜2回は塗るようにしましょう。**

分量も注意です。ロンドン大学キングス・カレッジのセント・ジョンズ病院皮膚科などの研究グループによると（＊）、日焼け止めユーザーの多くは、規定量よりも少なく利用する傾向が高く、**少量を部分的に利用しても効果が限られてしまう**ことを指摘しています。

最近は肌に残らないタイプの日焼け止めも数多く出回っていますので、正しい用量を塗布するようしましょう。

＊ Antony R. Young, et al., "Sub-optimal Application of a High SPF Sunscreen Prevents Epidermal DNA Damage in Vivo." Acta Dermato-Venereology, Doi: 10.2340/00015555-2992, 2018

One Point Lesson

紫外線対策で見落としがちなのが、頭の日焼け止めです。紫外線は、頭皮だけでなく、髪にもダメージを与えます。髪がダメージを受ければ、薄毛の原因にもなります。「最近、髪が細くなってきた」「毛量が減ってきた」という方は、身体と髪の両方に使える日焼け止め用のスプレーで地肌や髪をしっかり保護しましょう。とくに紫外線を浴びやすい後頭部をしっかり保護するようにしてください。

—髪型セット—Hair Set—

サイドラインを制する者は、ビジネスを制する

Point **ファイバーが多く含まれたワックスを使う**

「髪」は男性の印象を決める大きな要素です。とりわけ、髪の「ツヤ」はその人の印象形成に大きく関わっています。髪のツヤは、潑剌さや健康な状態を印象づけますし、良質なDNAを持っている証でもあります。

40歳を超えたら、髪型を整えるのには「**ワックス**」を使いましょう。なかでもファイバーが豊富に含まれているワックスがおすすめです。しっかりとツヤが出て、ホールド力もアップします。

ワックスは髪にツヤだけでなく、ハリも与えてくれます。ジェルやムースは、毛髪量の多い20代、30代の方が髪の広がりを抑えて髪型を整えるには効果的です。

ワックスを使って髪を整えるときは、髪全体にベタッとつけるのではなく、**毛先を束ね**

るようにつけるのがコツです。時間が経つと元気がなくなって、毛髪量が少なく見えてしまうため、トップ部分に付けるのは控えたほうが良いでしょう。

ポイントは、サイドをなでるようにして整えること。「サイドラインを制する者は、ビジネスを制する」といわれるほど、古今東西、優秀なビジネスパーソンはサイドをきっちりと整えています。

サイドの髪がライオンのたてがみのように広がっている「ライオンヘア」は、年齢を感じさせるだけでなく、だらしない印象を与えてしまうので注意しましょう。

One Point Lesson

外出先や強風の日などに重宝するのが、コンビニや薬局でよく売られている小さ目のワックスです。ファイバーの粘度が高く、強い寝癖もがっちりとホールドしてくれます。

スターバックス元CEO
ハワード・シュルツ
Howard Schultz
サイドのボリュームがしっかり押さえられており、信頼度の高さが伝わる

ビジネスパーソン必携の身だしなみアイテム

突然の来客やプレゼンテーションに備えて、
デスクや鞄に入れておきたいアイテムをまとめました

ハンドクリーム
Hand Cream

手先のケアに必須。指先は健康のバロメーターで、異性から意外によく見られています。男性はニオイが強すぎないフローラル系を選ぶといいでしょう。

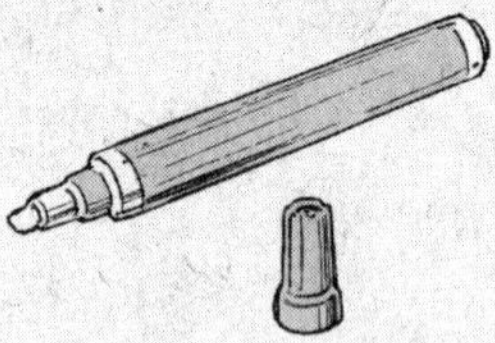

シミ抜き
Stain Remover

食事のときに、シャツやネクタイについてしまったコーヒーやワインのシミや油を抜くときに使います。ペンタイプが携帯に便利です。アメリカでもっともポピュラーなのが、**Tide（タイド）**という商品で、オンラインでも気軽に購入できます。

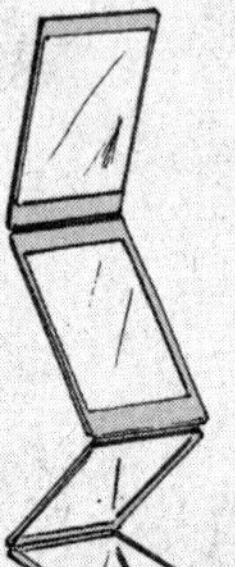

手鏡
Hand Mirror

離れた距離の鏡では、フケ、食べかす、鼻毛のチェックがしづらいので、手鏡を携帯してチェックしましょう。

目薬
Eye Drops

目が疲れていると、目力が弱まり、疲れた印象を与えてしまいます。精悍で覇気のある印象を与えたいときには、目薬を使って目をスッキリとさせましょう。

携帯用の靴磨き
Shoeshine

オフィスに常備しておくと、急な接待や来客にも対応できます。

携帯用の靴べら
Shoehorn

会食などであらかじめ靴を脱ぐことがわかっているときは、胸ポケットなどに忍ばせておくとデキる印象を与えます。

フロス・舌ブラシ・マウスウォッシュ
Floss/Tongue Cleaner/Mouthwash

前述P54～参照。

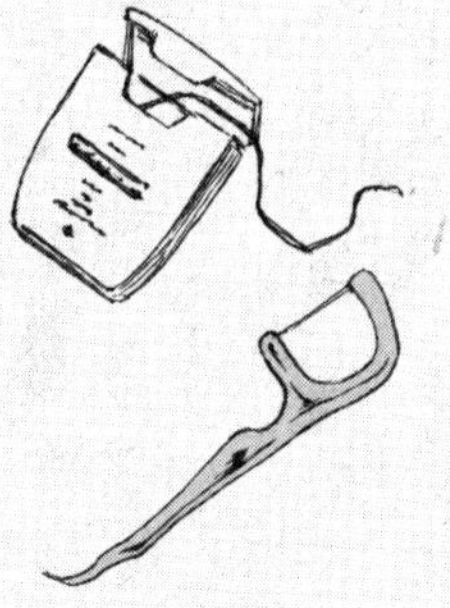

歯科専用のキシリトールガム
Xylitol Gum

ニオイを消す目的ではなく、唾液の排出を促すことで口臭を予防します。

※偏ったケアや一過性のケアとならないよう、長期的な予算を考えて、アイテムを購入するようにしましょう。

Step 2

Mouth Care

☟

Gray hair

☟

Hair Cut

☟

Body Odor Care

☟

Nasal Breathing Care

☟

Eyebrows Care

口内ケアの応用 | Mouth Care

マウスケアは年間計画で考える

Point 歯のクリーニングとホワイトニングは年間で予約する

Step1で述べた通り、口臭予防にはフロスや舌ブラシなどを駆使することが必要ですが、それだけでは十分ではありません。

とくに**日本人に多い病的口臭（虫歯、歯周病、歯槽膿漏、便秘、下痢など）の対策には、医師による治療が必要**です。どんなに口の中をきれいにしても、虫歯や病気が治らない限り、口臭はなくなりません。

みなさんが最近、歯科医にかかったのはいつでしょうか。1年前あるいは、それとももっと前でしょうか。

東京とニューヨークのビジネスパーソンを比較すると（ライオン調査）、ニューヨークのビジネスパーソンの大半が毎年、定期的に歯科医を受診するのに対し、東京のビジネスパーソンで定期的に歯科医を受診す

東京とNYでこんなに違う！　口内ケアへの意識

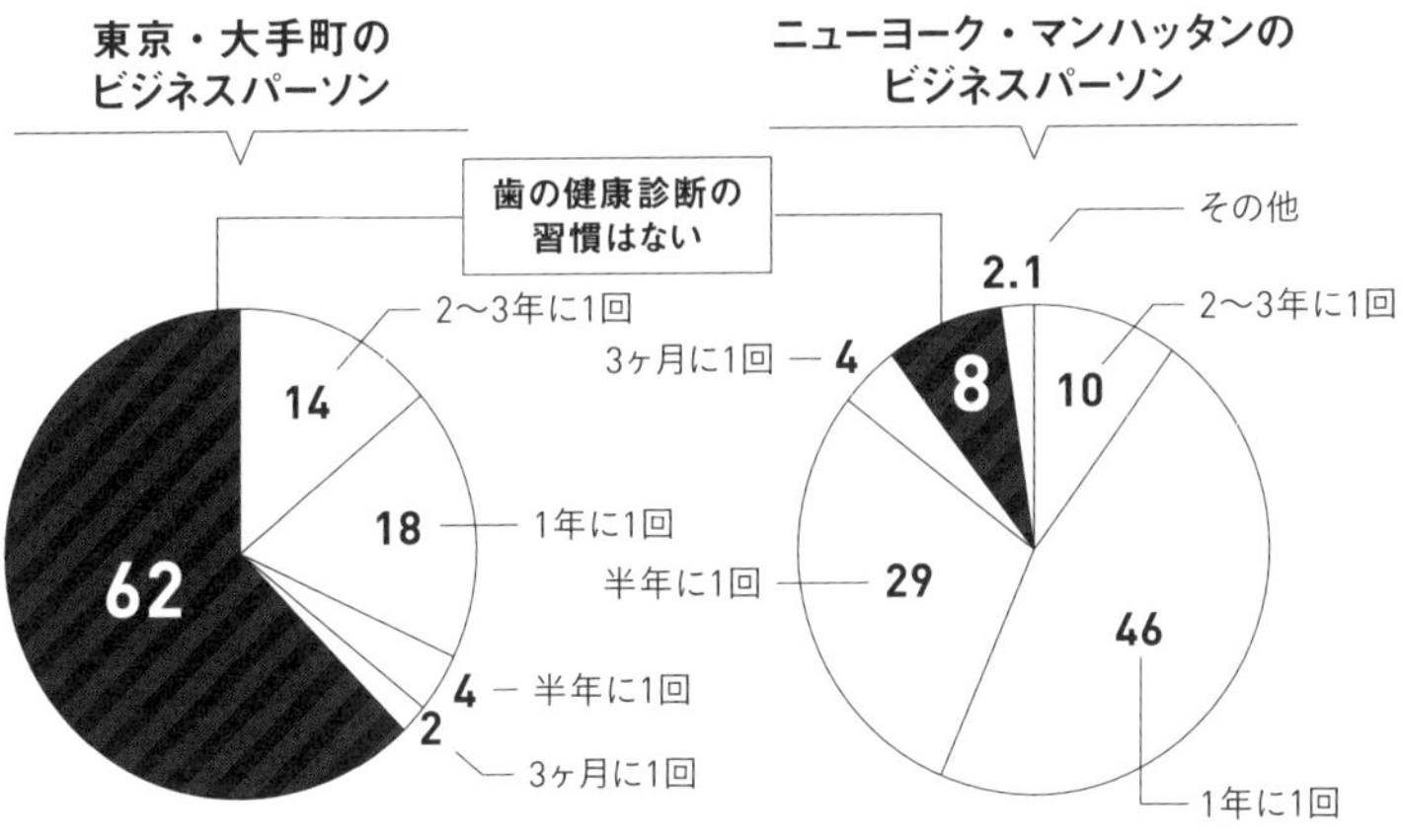

Lionデンタル情報　No.172001

る人は、ごくわずかなのがわかります（前ページ図表参照）。

背景には、アメリカでは、歯の治療費が日本の3～10倍という事情があります。

また、友人や家族同士でも、挨拶代わりに頬を付けあう、キス文化が根付いていますから、当然、口臭には気を遣うようになるのでしょう。アメリカ人は、幼少期から歯のケアを徹底して教え込まれ、歯みがきやマウスウォッシュが習慣づいています。大人になっても、定期的に歯科医に通うのが当たり前の習慣になるのです。

アメリカのビジネスパーソンはマウスケアに投資を惜しみません。そのひとつが「**クリーニング**」です。どれだけ丁寧に歯を磨いても、歯垢や歯石は自分では落としきれません。

3ヶ月に一度は、歯科医院で専門的なクリーニングを受け、歯垢や歯石を落としてもらいましょう。

たった1回のホワイトニングで、見た目がガラッと変わる

ホワイトニングも同様です。本来、白くあるべきところに色がついていると、とても目に付くものです。とくにビジネスパーソンは、白シャツとのコントラストから、歯の黄ばみがとても目立ちがちですから、定期的なホワイトニングがおすすめです。
昔と比べると**ホワイトニングの値段も下がり**、**都心でも5000～1万円**で受けることができます。時間も1時間程度なので、髪の毛をカットする感覚で通ってもいいでしょう。

column

「八重歯はチャーミング」は日本だけ？

真っ白で揃っている歯は美しい。そう思うのは、世界共通の感覚です。

一方、八重歯については、日本では、チャーミングと捉える感覚がありますが、**海外では、第一印象の評価をガクッと下げるもので、就職や結婚に決していい影響を与えるものではありません**。

八重歯はステータスの低さなどを連想させることもあって、海外では、幼少期に矯正治療をすることがほとんどです。経済的な事情から、子供のうちは治せず、八重歯のまま育った場合も、たいていは、大人になってから自分で矯正します。

もし八重歯のある方で、海外勤務の予定がある場合は、時間に余裕があるときに、早目に矯正治療をしておくことをおすすめします。**歯並びが良くなれば、噛む効率も上がりますし、虫歯や歯周病にもなりにくくなります**。

八重歯の状態によっては、歯を抜かなくても、歯の横幅を少し削ることで矯正することも可能ですし、透明で取り外し可能なマウスピースを使うなど、矯正方法はさまざまありますので、歯科医に相談しましょう。

ホワイトニング剤を塗布している間に仮眠をとるという要領のいい方もいます。

1回のホワイトニングでも見た目はガラッと変わります。できたら、クリーニングと同じく3ヶ月に一度、ある程度、明るくなってきたら半年に一度、1年に一度とスパンを延ばしていきましょう。

デンタルケアは、忙しい人ほど後回しにしがちですが、できれば、定期検診やクリーニング、ホワイトニングの予定は、年間単位で決めてしまいましょう。

ニューヨークのビジネスパーソンは、デンタルケアは、大切なミーティングと同じ位置付けで捉えており、予約を取ったらすぐに手帳に書き込みます。後日、仕事のアポが重なったとしても、当たり前のようにデンタルケアを優先します。

たとえば、新しい手帳を買ったら、デンタルケアの予約を1年分入れてしまう。口臭に対する意識を高く持ってすぐに、医師によるデンタルケアを習慣化させていくようにしましょう。

One Point Lesson

動画の撮影など、あとで修正が利かない撮影のときに役立つのが、歯の「マニキュア」です。歯の表面にさっとコーティングするだけで、部分的に黄ばんだ歯や、銀歯を白い歯に変えることができます。値段も1000円程度ですので、緊急対応用に携帯してもいいでしょう。

白髪対策 | Gray hair

白髪は作り、活かすもの

Point 白髪は美容室で解決

年齢を重ねると、白髪が目立ってきます。日本では「白髪は隠すもの」と考える方が大半ですが、職種や役職によっては、**白髪はマイナスになるどころか好印象を与え、プラスに働く**こともあります。

もしあなたが、資産等を扱う職業に勤めているなら、白髪を活かすことで、成熟さや落ち着き、経験の高さ、貫禄といったイメージを顧客に与えることができるでしょう。

一方、ＩＴベンチャーなど、顧客のターゲットが30代以下という職業ならば、白髪を目立たなくさせたほうが良いでしょう。若々しさやフレッシュさをイメージさせるほうが、取引先やユーザーには好意的に受け止められる傾向があるからです。

白髪を残す場合には、キレイな状態に保つためのケアが必要です。とくに日本人の髪質は、光に照らされると白髪が黄ばんで見えて、清潔感に欠ける印象を与えかねませんから、白髪のケアの方法を学ぶ必要があります。

アップル最高経営責任者（CEO）
ティム・クック
Tim Cook
白髪でも若々しく見え、清潔感が漂う

老いを感じさせない白髪の見せ方

「白髪を作る」というと日本ではまだまだ珍しい感覚かもしれませんが、ニューヨークでは、清潔感と美しさを強調するために、白髪をあえてサイドに固めたり、上品さを醸し出すため、シルバーグレイに染め上げた髪筋を作ったり、円熟した雰囲気や落ち着きを演出するため、髪にあえてグレイヘアを入れたりと、さまざまな方法で白髪を活かしています。

同じ白髪頭でも、「老い」を感じるか、それとも「円熟さ」を感じるかは、見た目の清潔感や、ちょっとした色みの違い、髪の長さで変わるものです。白髪の見せ方を理解し、きちんとケアしている人は、信頼感も高くなるでしょう。

日本人でも、たとえば、ソニーの平井一夫会長は、髪をきれいなシルバーグレイでまとめていて、気品と色気を感じさせます。ファミリーマートの澤田貴司社長は、白銀のように輝くツヤを出して、老いを感じさせません。

One Point Lesson

髪の状態には個人差があります。自分の白髪が最もキレイな色味になる方法を、ぜひ美容師に相談してみましょう。白髪専用のヘアワックスも販売されているので自身で色味を調整することも可能です。

ソニー会長
平井一夫
Kazuo Hirai

散髪のコツ | Hair Cut

美容室のアポは仕事のアポと同等

Point 年間を通して美容室のアポを仕事の予定に組み込む

「そろそろ髪が伸びたから美容室に行かないと」

そう思っても、時間が空かないため、なかなか行けず、その間にどんどん髪が伸びてみすぼらしくなる。身に覚えのある方も多い話ではないでしょうか。

そういう方は、**美容室でカットしたついでに、次の予約も入れてしまいましょう。**

ニューヨークのビジネスパーソンにとっては、**自分が通う美容室は、自らの経済力を示すステータス**のひとつです。エリアによって、20ドルと格安の美容室もあれば、４００ドルを超える高額な場所もあり、選ぶのには慎重さが求められます。

ニューヨークでは、美容師の立場がとても強く、腕のいいカリスマ美容師は、つねに予約待ちの状態。なかには、予約時間になっても現れず、2時間遅れても謝りもしない美容師もいます。お目当ての美容師にカットしてもらうために、1年先の予約をとるなんてことも普通です。

あなたもお気に入りの美容師がいれば、数ヶ月先まで予約を入れてしまいましょう。そうすることで**「私の担当美容師はあなた」**という意思表示になり、美容師もそう対応してくれるでしょう。

一流が通う美容室で手に入るもの

一流の財界人が通う美容室を利用するのもレベルアップのひとつの手です。たとえば、帝国ホテルの「**バーバー・オイカワ**」は一見ではなかなか入りづらく、独特の雰囲気を持った店ですが、一度、椅子に座って髭を剃ってもらえば、**成功者の仲間入りをした特別感**に浸ることができるでしょう。

ほかの店では味わえない極上の雰囲気、店主との会話、誰もが心の底からリラックスできる場所だからこそ、連日、政治家や財界の方々が通い詰めるのだと思います。

One Point Lesson

10分1000円のクイック散髪が日本でも流行っていますが、初めて利用するときは慎重になるべきです。最初は全体のカットは任せずに、襟足だけ、刈り上げだけなど、部分的なカットに留めましょう。

バーバー・オイカワは座り心地のいい理容椅子とゆったり寛げる空間が魅力

肌の加齢臭対策 | Body Odor Care

汗の上に制汗剤や香水の重ねづけは逆効果

Point 制汗スプレーだけでなく、夏場は汗拭きシートも用意する

40代で徐々に気になり始め、50代となると本格化する「**加齢臭**」。皮脂成分が酸化することで発生するノネナールが原因で、古本や枯草のようなニオイが特徴です。

体臭を予防するために、**香水**を付ける方がいますが、使い方には注意しましょう。場合によっては汗と混ざり、悪臭のもととなります。付けるのであれば、**個性的で香りの強いものではなく、制汗剤でよく使われるシトラス系や、ほんのりと爽やかな香りがするもの**に留めておいたほうがいいでしょう。

また、複数の香りを重ねづけしないように、注意してください。

毎日、身体を洗う際にも注意が必要です。**ニオイがとくに強い場所は、胸や背中などの**

嫌われないための最低条件
清潔感を色気に変えるメソッド
極上級のセルフメンテ
絶対に見られる基本のキ
格が上がるディテール・テク
ハイクラスが実践する習慣
イメージアップの大原則
印象を残す戦略的スキル
究極の自己演出

体幹部や耳の裏です。意外にケアし切れていない方が多いのではないでしょうか。
洗うのはボディソープで十分ですが、朝と夜の1日2回、その部分を重点的に洗いましょう。それだけで、かなりニオイを抑えることができるはずです。

One Point Lesson

加齢臭は生活習慣が大きく関係します。とくに疲労の蓄積や、深酒、タバコの吸い過ぎには注意しましょう。

香水
Perfume
何度もふりかける人がいますが、ワンプッシュで十分です

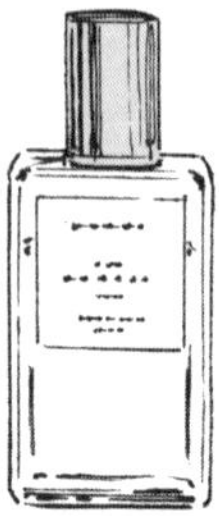

鼻息ケア | Nasal Breathing Care

見逃しがちな鼻息も要注意！

Point **睡眠時無呼吸症候群の疑いのある人はＣＰＡＰ療法を試してみる**

仕事中や電車の中で、男性の鼻から発するニオイが気になるという女性は、意外に多いようです。人によっては口臭と同じくらい臭うこともあります。しかも大部分は本人もそのニオイに気づいていません。

鼻息が臭い原因はいくつか考えられます。副鼻腔炎や蓄膿症にかかっていたり、花粉症で鼻が詰まっている場合などです。**定期的に鼻うがいを行なうことで、鼻腔内をキレイにしたり、鼻毛もこまめにカットして清潔に保つ**ことが大切です。

鼻づまりに悩んでいるなら、**睡眠時無呼吸症候群**につながる可能性もあります。まずは耳鼻科に行き、鼻づまりの改善のための治療を受けたほうがいいでしょう。

睡眠時無呼吸症候群の場合は、**ＣＰＡＰ（シーパップ、持続陽圧呼吸療法）**という治療法がおすすめです（必ず医師の診断を受けてください）。

ＣＰＡＰとは、機械で圧力をかけた空気を、鼻につけたマスクから気道に送り込み、気

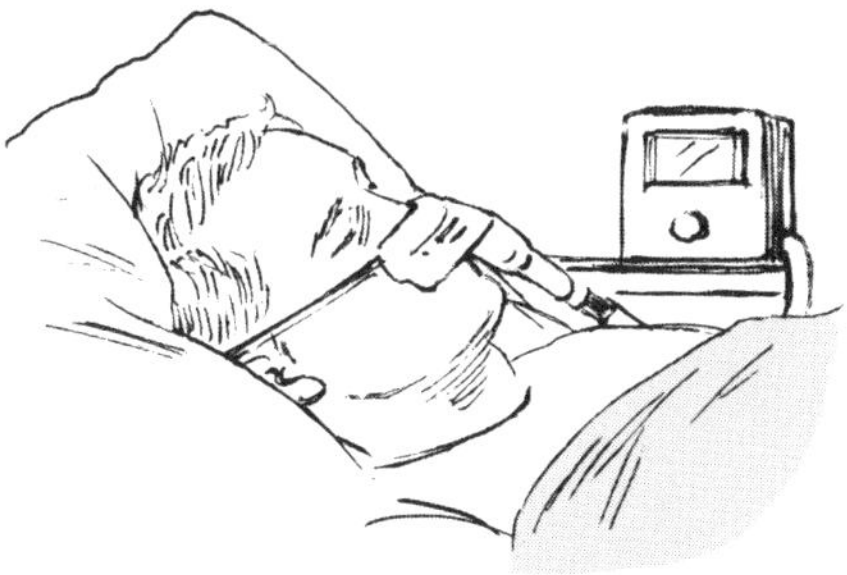

シーパップ（持続陽圧呼吸療法）CPAP

道を広げて睡眠中の無呼吸を防止するものです。呼吸が楽になり、短時間の睡眠でも疲れがとれて、昼間も眠くなりません。

無呼吸症候群の影響で睡眠が不足し、疲れが溜まりがちだった私の知人も、CPAPを使ってからは、毎朝5時に起きて爽快にジョギングができるようになりました。

睡眠の質を高めるには、呼吸が大事です。睡眠の質に悩んでいる方は、CPAPの装置の利用を検討してもいいでしょう。

One Point Lesson

鼻息の悪臭は、口臭と同様に、胃の状態が原因のひとつになります。普段から食習慣には気を配るようにしましょう。

| 眉毛ケア | Eyebrows Care |

眉は顔のフレームワーク

Point 「最初の1歩」はプロによる眉カットで

眉は顔のフレームワークです。目と鼻のラインをキレイに見せるのにも、眉毛がポイントになります。

眉毛のケアは男性でも常識になりつつあり、何もしていないという方は要注意です。眉毛の状態は、10メートルくらい離れていても分かりますし、**眉毛がぼさっとしている人は、どこか「だらしない」という印象を与えてしまいます。**

眉を整えるには、専門の眉カットサロンがあります。無頓着だと自覚されている方は、サロンで一度ベースのかたちをつくってしまえば、毎日の手入れが苦にならなくなるでしょう。初期投資3000円程度で自分に合った眉毛を手に入れることができます。

ここでは、ご自身でケアする際のポイントを3つご紹介します。

・抜かずに切る

眉毛は、抜いてはいけません。抜いた箇所から眉毛が生えなくなることがあるからです。さらに、毛を抜く度に、目の周りの肌が引っ張られ、目元がたるむ原因となります。はみ出した眉毛は、抜かずに切るようにしましょう。

・眉尻は1週間に1回のペースで整える

眉尻が乱れていると、眉毛全体がボサボサのイメージになってしまいます。眉尻だけは意識して1週間に1回のペースできれいに整えるようにしましょう。

・描かずに埋める

女性の眉毛のようにペンシルを使ってはっきりと描くと不自然な印象になります。毛の密度が薄い箇所をパウダーで軽く叩いて埋めるだけで十分です。描き足すのは眉尻だけにしましょう。スッと1本の線のように眉尻を描くだけで、より一層精悍な顔つきになります。

One Point Lesson

時間を効率的に使いたい方は、美容室で髪と一緒に、眉毛のカットもお願いしましょう。身だしなみのケアを一度に済ませるのは忙しいニューヨーカーの常識です。

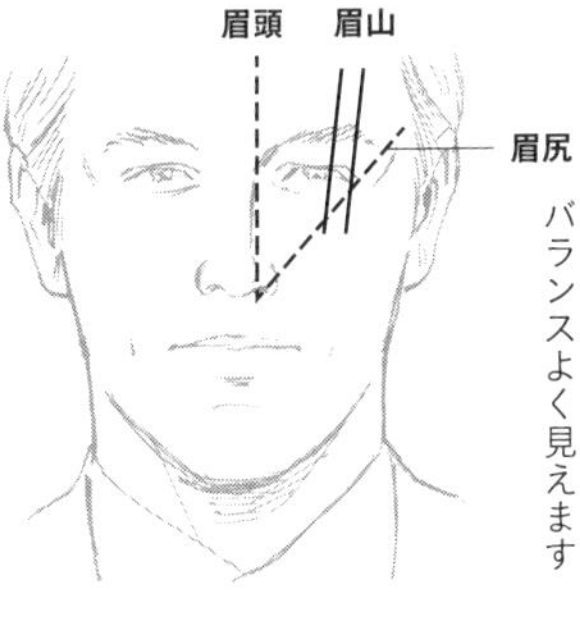

まゆげ(目尻)を描く
Eyebrows Care

眉尻は小鼻と目尻を結んだ延長線上にあるとバランスよく見えます

column

鼻毛&耳毛は3日に1回、エチケットカッターで処理

女性は三面鏡を見て化粧をしますが、男性には三面鏡で自分の顔を見る習慣がありません。必然的に、正面から見えにくい場所が、無頓着になりがちです。

外国人からよく指摘されるのが鼻毛です。とくに**アジア人の鼻毛は黒いため、伸びていると、とても目立ちます**。空気が汚い環境にいる人や、喫煙習慣のある人は、そうでない人よりも鼻毛が伸びやすいため、注意が必要です。


また、40代以降は耳毛が急増します。耳毛があると、老けて見えるだけでなく、不衛生な印象を与えます。耳毛は生える周期がバラバラなので、定期的にケアをしましょう。

鼻毛と耳毛の処理は、3日に1回、たった10秒で十分です。最近は、スタイリッシュで、持ち運びに便利なペン型の**「エチケットカッター」**がワンコインで販売されています。耳毛の処理と兼用のものもありますので、必要な方は手に入れましょう。

Step 3

Skin Care

Body-Hair Removal

Nail Care

Anti-Aging

Tanning

Keep in Shape

肌ケア応用 | Skin Care

肌が10歳若返るとっておきアイテム

Point 大事なプレゼン前にBBクリーム&コンシーラーを塗る

40歳を過ぎると、肌のツヤは目に見えて低下します。目の下がくすんでいたり、たるんでいたりすると、「疲れているな」という印象に加え、不健康な印象を与えてしまいます。ジョン・F・ケネディとリチャード・ニクソンが闘った米大統領選挙のテレビ討論をご存じですか？ ケネディが溌剌とした若さを感じさせたのに対して、ニクソンは、顔色が悪く精彩を欠いているように見え、その見た目が大統領選の明暗を分けた一因だといわれています。

見た目の不健康さや衰えは、政治でもビジネスの世界でも致命的なのです。

そこで、いまの肌の状態から、印象を高めるための方法をご紹介しましょう。

使用するアイテムは、**BBクリーム**です。BBクリームは、美容液と乳液の要素を含んだ優れものです。たった1アクションで、女性がファンデーションを塗ったような効果が得られます。

BBクリーム&コンシーラー
BB Cream & Concealer
クマやくすみ、ニキビ跡の上に軽くのせて、自然に色味をカバー

男性用も１０００〜２０００円と手頃な価格で売られています。大切な会議や写真撮影の前にひと塗りするだけで、**人によっては、5歳から10歳くらい若返って見える**でしょう。

クレーターやくすみ、シミの目立つ方、目元にクマが出やすい方は、ＢＢクリームを毎朝、塗るように習慣づけましょう。

もうひとつのおすすめアイテムが**コンシーラー**です。

コンシーラーは、目の下のクマやくすみを隠すために使うものです。写真撮影やプレゼンなど人前に立つときに重宝するほか、顔に疲れが見えるときにひと塗りすると、肌の色が均一になり、相手に疲労感が伝わることがなくなります。最近は、ペン型のスタイリッシュなものが売られており、携帯にも便利です。

One Point Lesson

ニューヨークではここ数年、BBクリームやコンシーラーを使う男性が急増しています。企業PRなどで、写真ではなく動画を使うケースが増えてきたことが背景にあるようです。写真なら、毛穴やくすみの修正が、後からでも可能ですが、動画だとそうはいかないからです。

—脱毛— Body-Hair Removal —

「男も部分脱毛」の時代

Point ボディトリマーやサロンを利用して衛生管理

ニューヨークでは、女性だけでなく、男性でも、永久脱毛をする人が増えています。

私のクライアントのなかにもいらっしゃいますが、特徴的なのは、脚や腕よりも、**指や顎、鼻毛といった部分的永久脱毛をされる方が多い**ことです。

男性が脱毛をする理由は、見た目の美しさを求めてというよりも、衛生面や体臭を気にしてというほうが圧倒的に多いようです。

日本でも最近、脱毛クリームや身体の毛を剃るための**ボディトリマー**を使う人が増えてきました。多くの家電メーカーが、男性向けの除毛・脱毛商品市場に参入してきています。

ただし、自宅でのケアは、医療機器を使っての永久脱毛とは異なり、しばらくするとまた生えてきますから、やはり定期的な処理が必要になってきます。

それが面倒だという方は、思い切って永久脱毛をしてみてはいかがでしょうか。

永久脱毛は、以前は、とても高価な施術でしたが、最近では、顎や腋というようにパーツごとに選んで施術を受けられ、敷居も低くなってきたようです。

体臭や衛生面が気になる方は、一度カウンセリングを受けてみてはいかがでしょうか。とくに清潔さが求められる職業や女性との対面が多い職業の方は、試してみることをおすすめします。

One Point Lesson

都心の美容クリニックをいくつか訪れてみると、平日の昼間でも、男性の来院者がちらほら見られるようになってきました。女性の間で順番を待つのが恥ずかしいという方は、プライバシーを守る個室などの空間を備えたクリニックを利用しましょう。

—爪の手入れ— Nail Care —

意外に見られている指先

Point　ネイル(甘皮)ケアを予定に組み込む

打ち合わせや会食、名刺交換のとき、資料を手渡しするとき、ドアの開け閉め、エレベーターのボタンの操作の際など、指先は意外によく見られています。

色合いやツヤ感、ひび割れといった爪の状態は、健康さや清潔さを示すバロメーター。とくに、日頃から爪のケアを徹底している女性からは、厳しい目でチェックされています。

ニューヨークでは、パートナーがネイルケアに行く際に、男性も一緒にネイルサロンを訪れて、隣の席でケアしている姿も珍しくありません。ネイルケアの意識が高い人が世代を超えて増えてきて、指先だけでなく、足の爪までケアする男性の数も増えてきました。

マンハッタンの中には、男性専用のネイルサロンやスパも多く、エステとネイル、またはマッサージとネイル、ワックス脱毛とネイルとマッサージとスキンケアなどが一度に全部受けられるような男性専用サロンが次々と登場しています。

日本でも男性専用のネイルサロンが増えてきました。

たとえば、「シャングリ・ラ ホテル 東京」にあるネイルサロン「**LUXITA（ラクシータ）**」では、男性向けのネイルケアサービスがあります。その名は〝サクセスネイル〟。完全個室のなかで基本的なケアを受けることができ、30～45分のケアで指先が見違えるほどきれいになります。

急いでいる方は15分のケアから受けることができ、値段は２０００円。ハンドマッサージをつけた場合は、８０００円程度。ファーストクラスのようなリクライニングシートに座りながら、施術中は映画やドラマも鑑賞できるので、ゆったりとくつろぐことができます。

ネイルケアも歯のクリーニングや散髪と同様に、年間スケジュールの予定に組み込むようにしましょう。

One Point Lesson

日常で、パソコンやスマホに触れる時間が長い人は、必然的に爪が視界に入り込みます。その爪が汚れていれば、気分は良くありません。逆にきれいにケアされていれば気持ちが高まります。爪のケアは、自分自身の心理にも良い影響を与えるのです。

アンチエイジング — Anti-Aging —

実年齢よりも老けて見える方へのアドバイス

Point **美容皮膚科でシミ取りやエイジングケアを試してみる**

40代に入ると、どうしてもシミやしわが増えてきます。肌の老化に悩む人も多くなるでしょう。

老化対策には、**ビタミンC注射**がおすすめです。ビタミンC注射は、抗酸化作用、コラーゲン生成の促進などによって、肌のハリや髪質の改善、疲労回復などの効果が期待できます。

また頬やこめかみに大きなシミができてしまったという方は、美容皮膚科に相談してみましょう。「美容〇〇科」というと、拒否反応を示す男性は多いですが、**男性の美容皮膚科通いは、ニューヨークでは決して珍しいことではありません。**

レーザーで治療をすれば、シミもあっという間になくなりますし、色の薄いイボやほくろであれば簡単に取ることができます。

アンチエイジングを、積極的に取り入れていくことも、グローバルな舞台で活躍するビジネスパーソンには必要な時代なのかもしれません。

One Point Lesson

急に見た目が変わったことによる周囲の反応が気になるという方は、夏季休暇など長期の休みを利用しましょう。

column

しわが目立たなくなる!? 「ボトックス注射」

ニューヨークでは、もっと本格的にエイジングケアをしたいという男性のなかには、ハリウッドスターのように「**ボトックス注射（ボツリヌストキシン治療）**」を受ける方もいます。
ボトックス注射は、ボツリヌス菌から抽出したボツリヌストキシンという成分によって、顔の筋肉の動きを抑制し、**しわを目立たなくさせる効果**があります。わずか5分程度で終わりますが、打つ箇所や注射量を誤れば、表情筋の動きに支障が出てしまう場合もありますので慎重に検討しましょう。

―タンニング―Tanning―

こんがり小麦色の肌こそ、ワークライフバランスの証

Point　タンニングローションで小麦色の肌をつくる

ニューヨークと東京を比較して、いちばんの違いを感じるのが、健康的に日焼けしたビジネスパーソンの多さ。アメリカでは、日焼けをして、いかにもエネルギッシュな人たちが街を闊歩《かっぽ》しています。

これはアメリカ人が日焼けした肌にこだわっているからですが、そもそも、なぜ彼らは日焼けにこだわるのでしょうか。

それは、ワークライフバランスを重視するお国柄が関係しています。

ニューヨークのビジネスパーソンも、日本人と同じように、「仕事人間」ばかりです。重い責任がのしかかる役職に就いた人は、なおさらそうなります。

ところが、ニューヨークでは、そういった仕事人間はよしとされないのです。彼らがこんがり焼けた小麦色の肌にこだわるのはそのためです。日焼けした肌は、自分が家族を連

れて海に出掛けたり、友人とバーベキューを楽しむなど余暇を満喫している証拠であり、**仕事だけでなく、ワークライフバランスを保つことのできる、余裕のある人だということをアピールするため**のものなのです。

一方で、日焼けをしていない人は、「仕事ばかりをしている人」「遊ぶ時間がないほど、がむしゃらに働かないと、生活が成り立たない人」というレッテルを貼られてしまうのです。「仕事人間」でありながらも、周囲から高い評価を得るためには、どんなに忙しくても、こんがりと日焼けをして、あたかも余暇をエンジョイしているかのように自己演出することが求められるというわけです。

塗るだけで小麦色に変わる「タンニングローション」

しかし、Ｓｔｅｐ１で述べたとおり、直射日光で焼くのは老化を促進しますから、おすすめしません。ニューヨーカーの間でも以前、日焼けサロンがブームになりましたが、皮膚にダメージを与え、老化を促進するリスクが問題視されて、最近は利用する人が激減しました。

代わりに使われているのが、塗るだけで肌の色を変えることのできる、「**タンニングローション**」です。

肌をいたわりながら、健康的な小麦色の肌になれる低刺激タイプのものが人気で、肌に塗れば、数時間で小麦色の肌に変わり、ローションの量によって色味も調整できます。オンラインでも薬局でも多数販売されています。

使う商品にもよりますが、色味の持続期間は約1週間で、塗るのをやめれば、肌の新陳代謝によって、1週間くらいで元の肌に戻ります。

健康的な肌の色は、男性的でたくましく、身体も引き締まって見えます。日本の経営者でも、サントリーホールディングスの新浪剛史代表取締役社長は頼りがいのある印象を与えます。

一方で、色白で体格が貧相な人は、どうしても消極的でインドア、弱々しい印象に見えてしまいます。タフさ、ストイックさを印象づけたい方は、日本人の肌向けに開発された、ほんのり小麦色に変わるタンニングローションに挑戦してみてはいかがでしょうか。

One Point Lesson

アメリカのトランプ大統領がよく使っている「スプレータンニング（サンレスタンニング）」は、手軽に肌をブロンズ色に見せることができますが、ローションに比べると人工的な印象に仕上がります。プロのメイクアップアーティストが使うのは結構ですが、素人の方は避けたほうが良いでしょう。

サントリーホールディングス
代表取締役社長
新浪剛史
Takeshi Niinami

—体格維持— Keep in Shape —

胸板の筋肉は、強靱なメンタルとスタミナのシンボル

Point　忙しい人ほどパーソナルトレーナーを雇う

Point　ホテルを選ぶ際には、フィットネスの充実度を重視する

ニューヨークでは、メタボ体型の人は、それだけで「仕事ができない」と判断されます。スマートな体型はストイックさを示し、精悍な筋肉はストレス耐性を示すと考えられています。

40代後半か50代になると、身体的には衰えが出てきますから、それでも**スーツをスマートに着こなすためには、余計なぜい肉を落とし、胸板と上腕二頭筋にフォーカスして鍛えることが不可欠**になってきます。

アメリカの意識の高いビジネスパーソンは、わずかな時間を無駄にせず、ジムで汗を流していています。早朝から徹底的に身体を絞ることを習慣づけており、出張の際も、わざわざフィットネスジムが充実しているビジネスホテルを選んで宿泊するほどです。本当に忙し

い人は短時間で効果を上げるよう、パーソナルトレーナーを雇って、身体を鍛えています。

身体を鍛えることも、仕事と同様に、短い時間でいかに効率よく効果を上げられるかにシフトしているといえるでしょう。

One Point Lesson

一流のビジネスパーソンは、フィットネスジムでのワークアウトの後に、併設のサウナに行くのが定番です。リラックスできるサウナでは人脈を築いたり、情報交換をしたりすることができますから、そのためにあえてハイレベルなジムを選ぶという方法もあります。

40代からのエイジングケア

ニューヨーカーの必携アイテム「KIEHL'S SINCE 1851」がスゴい！

ニューヨークのアポセカリー（欧米の調剤薬局）をルーツに1851年に創業。世界各国から厳選した天然由来成分と創業以来受け継がれてきた科学、薬学、ハーブの知識をもとに、スキンケア、ボディケア、ヘアケア製品を提供し続けている「**KIEHL'S SINCE 1851**」。ニューヨークだけでなく日本のビジネスパーソンからも絶大な信頼を得ています。数ある製品のなかでも、40代の男性におすすめのエイジングケアラインをご紹介します。

1

洗顔料｜Face Wash｜

キールズ AGD エイジケア

クレンザー 150ml 3,200円（税抜）

不要な角質・皮脂汚れを取り除き、ハリ感のあるイキイキした印象に導く洗顔料。

2

目もと用クリーム｜Cream for Eyes｜

キールズ AGD エイジケア

アイクリーム 14ml 4,300円（税抜）

見た目年齢を左右する目もとにハリ感を与え、印象UP。

3

美容液｜Essence｜

キールズ AGD エイジケア

セラム 75ml 6,900円（税抜）

男性の肌にハリ感を与え、活き活きと健康的な印象に導く美容液。

4

クリーム｜Cream｜

キールズ AGD エイジケア

クリーム 50g 5,700円（税抜）

古く硬くなった男性の肌をやわらげながら引き締めるクリーム。

問い合わせ先：KIEHL'S SINCE 1851（キールズ）
電話：03-6911-8562

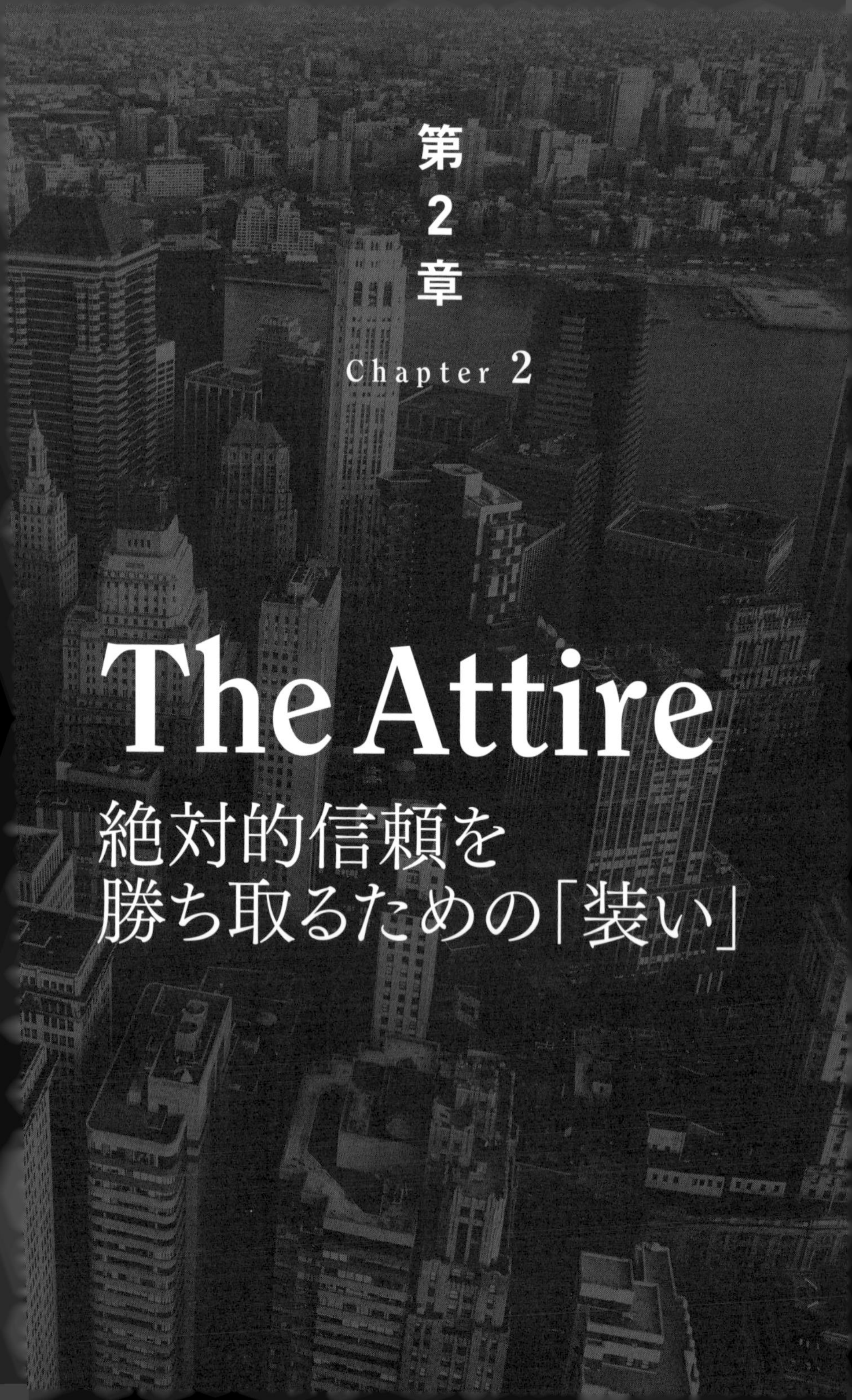

第2章

Chapter 2

The Attire

絶対的信頼を勝ち取るための「装い」

"Dressing well is a form of good manners."

Tom Ford

「よい着こなしはよい態度を生む」

トム・フォード　（ファッションデザイナー）

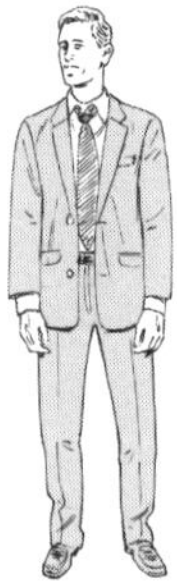

Step 1

Suit Guide 1

Suit Guide 2

Men's Suits Rules 1

Men's Suits Rules 2

Men's Suits Rules 3

Dress Shirt

Underwear

Leather Shoes

Bag

Check List

セルフチェックで改善ポイントを把握する

当てはまるものにチェックして、改善ポイントを把握する

- ☑ スーツが自分の体型にフィットしていない
- ☑ ジャケットのボタンはいつも開けっ放しにしている
- ☑ ジャケットの胸ポケットにいろいろなモノが入っている
- ☑ ジャケットの裾のベント（切り込み）が開いてしまっている
- ☑ ジャケットの裾の長さがヒップラインよりも極端に短い、または長い
- ☑ シャツの襟幅、ネクタイの幅、ジャケットのラペル（襟）の幅がバラバラ
- ☑ ネクタイの先端がベルトよりも上、もしくは下にある
- ☑ パンツのヒップ部分が食い込んでいる
- ☑ パンツのポケット口が開いている
- ☑ パンツのポケットに長財布を入れている
- ☑ 自立型の革バッグをもっていない
- ☑ ナイロン製の鞄を肩にかけて通勤している
- ☑ 型崩れを防ぐためのシューキーパーを使っていない
- ☑ 靴のヒールの高さが左右アンバランスだ
- ☑ 靴ベラをつかわずに靴を履いている

装いの基本 ― Suit Guide ― 1

勘違いだらけの日本人の装い

Point 年齢を重ねるほど禁欲的で抑制された装いを意識する

スーツは「良識服」ともいわれます。スーツを見れば、その人にどれだけ常識があるか、どれだけ信頼できるか、どれだけ教養があるのかがわかってしまいます。

ブランドものや高額のスーツならよしとするのではなく、一般的なルールを踏まえたうえで、年齢や職業、立場を考えたスーツを選ぶことが大切です。言い換えれば、**一緒にいる人たちに対する思慮分別を装いから感じさせることができるか。**

そこで、高級なスーツを着ていなくても、洗練された印象を持たれるポイントをいくつかご紹介します。

1.「何を着たいか」ではなく、「期待されているのは何か」という視点で選ぶ

つま先の尖ったイタリア製の革靴、色ボタンや色ステッチのついたシャツ、ダイヤを使ったカフリンクス（カフスボタン）。それぞれは素敵なモノですが、ちょっと自分の個性や他の人との違いを出し過ぎかもしれません。

自分を俯瞰的に見ることをセルフモニタリングといいますが、装いは、その人の「**セルフモニタリング**」の能力を示すものと考えられています。

自分の装いが「基本的なルール」から外れていないか、いまの仕事や立場にふさわしいものか、社会的な流れに逆らっていないかなどをつねにチェックするべきです。

ルールからズレた装いをしていると、周囲の人から「自分や周りを俯瞰的に見ることができず、自分の欲望や意思をコントロールできていない人」と見られてしまいます。とくに政治やビジネスなど国際的な舞台での見られ方はシビアです。

ですから、「自分が今日、何を着たいか」ではなく、「**今日出会う人は、自分に何を期待しているか**」という視点から、装いを決めるようにしましょう。そうすればおのずと客観的な視点に立ち、シンプルで仕事や立場に見合った装いとなるでしょう。

2. 役職が上がるほど、無駄を削ぎ落とす

エグゼクティブの装いに共通する特徴は、「**ミニマム**」です。ミニマムとは一切の無駄を省いた、研ぎ澄まされた装いのことです。

ニューヨークのエグゼクティブたちは、ポジションが上がっていくほど、禁欲的で抑制された装いとなっていきます。そのスーツは高級でクオリティが高く、身体のサイズに1ミリも違わないほどフィットしています。そういったスーツをまとうことで、自分が立場の高い人間であることや自らの美意識、精神的なストイックさを示すことができます。

スーツがフィットしていることを示すには、シルエットが曖昧になるライトカラーのものではなく、**チャコールグレーやネイビー（濃紺）のスーツに真っ白なシャツが最適**です。色ボタン、色ステッチ、襟裏の柄、２枚重ねの襟、目立つ場所につけられたネーム刺繍など、ビジネスウェアでもガラパゴス化している日本で見られるような装飾は、一切必要ありません。

それなりの立場となり、経済的な余裕が出てくると、いろいろな装飾を盛り始める人がいますが、これは逆効果です。役職が上がるほど、装飾ではなく、内面から溢れ出る品格で勝負しましょう。

3. 全体の調和を大切にする

靴、時計、スーツとそれぞれのアイテムはいいものでも、全体としてみると調和が取れていない。そう感じるときは、一部の装いだけが主張しすぎていないか注意しましょう。

装いは「**バランス**」が大切です。時計、ベルト、靴のように、同じ革製品のアイテムなら、色調や質感を統一しましょう。そのほうが、スマートに見えます。

洗練されていると評判の人と同じスーツを着ているのに、自分はなぜか、**野暮ったたく見える。そういうときは、そのスーツがあなたの顔や体型に合っていない**のです。そういうスーツを着ていると、スーツばかりが目立ち、あなたの顔は覚えられていない、なんてことにもなってしまいます。

装いは、あくまでもあなたの魅力を引き出す「引き立て役」です。「**何を着ていたかははっきり覚えていないけど、素敵な雰囲気だった**」というのが正解なのです。

ダンディズムの祖、ボー・ブランメルの名言が、それを如実に示しています。

「街を歩いていて、人からあまりじろじろと見られているときは、君の服装は凝りすぎているのだ」

ボー・ブランメル
（ジョージ・ブライアン・ブランメル）
George Bryan Brummell

4. 一貫性を持った、自分なりのスタイルを

会うたびに、異なったイメージをもたらすスーツを着ていたり、ネクタイの柄がバラバラだったりという人は、自分のイメージを相手にしっかりと植え付けることができません。

イギリスの元首相、ウィンストン・チャーチルは、いつも小紋ドットの蝶ネクタイを着けていました。大人の装いの基本は「**シグネチャースタイル（その人ならではのスタイル）**」です。その自分のスタイルを50歳前後をゴールに、徐々に、確立させていくのが理想です。

イギリスの元首相
ウィンストン・チャーチル
Winston Churchill

私のクライアントをご紹介すると、ある方は紺無地、ある方はグレーの織柄など、それ

ぞれテーマやスタイルを持っていらっしゃいます。彼らはショッピングにいくと、たとえば紺無地をテーマにしている方は、店にある紺無地のネクタイをずらりと並べ、そのなかから、微妙な色合いや素材感の違いを確かめて、買い物をしています。

一方、日本のショップの対応はどうでしょうか。接客の様子を見ていると、「ストライプをお持ちなら、ペイズリー柄はいかがですか」などと、お客さんが持っていないものをすすめる店員が多いように思います。セールストークとしてはそのほうが効率がいいのかもしれませんが、これではスタイルの確立に役立ちません。

One Point Lesson

ファッション雑誌では、「ニューヨークお洒落スナップ」「これぞイタリアの伊達男」「いまは○○が旬」などといった特集をよく目にしますが、世界のビジネスシーンで、おしゃれや流行が求められることは稀です。

トレンドを知る意味で、ファッション雑誌に目を通すことは結構ですが、大切なのは、横並びの平均的なスタイルではなく、一貫性を持った自分のスタイルを、洗練させ続けることです。それを続けることが、他者との差別化につながっていくのです。

column

身だしなみの改善に取り組んだ松下幸之助

その装いから、海外から一目置かれている日本人の一人が、パナソニックの創業者である**松下幸之助**さん。スーツはダークカラー、シャツは白、黒縁メガネと一貫しており、誰もがその姿を思い浮かべることができます。色味を抑え、柄を抑え、謙虚さ、上品さに加え、色気も感じさせる成熟した大人の装いです。

松下さんはもともと見た目に気を配るタイプではありませんでしたが「**自分の顔を粗末にするのは、商品を粗末にしているのと同じ**」と理髪店で指摘されてから、眼鏡のデザインを変えたり、身だしなみの改善に即座に取り組んだそうです。

パナソニック創業者
松下幸之助
Konosuke Matsushita

装いの基本 Suit Guide 2

自らの装いに責任を持つ

Point 自分の持ち物についてストーリーを語れるようにする

ニューヨークへ渡ったばかりの頃のことです。ある方のご紹介で、由緒あるファミリーと食事をすることになりました。レストランに到着して、羽織っていたコートをクロークに預け、食事の席に着いたときです。

「あなたがさっき着ていたコートの生地は、イタリアのビエラのものだね。ビエラで設立されたメーカーの多くは、紡績から染色・流通まで一貫して手掛けていて、真似されにくい独自の生地を作ってきたんだ」

突然、ファミリーのご主人が私のコートの歴史や素材について滔々《とうとう》と語り出したのです。

「ところで、どうしてこの服を選んだの？」

そう尋ねられた私は、何も答えられず、赤面するだけでした。愛着を持って毎日着ていたコートでしたが、どの国で作られたものかさえ知らなかったのです。自分の無知さに穴があったら入りたいくらいでした。

欧米では、クロークに服を預ける際に、男性が女性のコートを脱がせるのが一般的です。そのわずかな瞬間に、コートの裏のラベルを見られたのでしょう。

このように欧米では、周囲の人から装いを厳しくチェックされているのです。

友人や知り合いだけでなく、レストランやホテルのスタッフもよく見ています。高級な場所ほどその目は厳しくなります。一流ホテルでシャツをクリーニングに出せば、タグやクオリティを見て、業者を変えられます。

みなさんは、ご自身の持ち物のなかで、誰かに手に取られて恥ずかしいものはありませんか？

40歳を過ぎたら、自分の装いに責任を持ちましょう。

装いに責任を持つとは、たとえば、**ある程度の目利きの方に見られたり、触れられたりしても、恥ずかしくないクオリティのものを持つ**ということです。自分を表現するツールとしてふさわしいものを身につけるようにしましょう。

装いの目的を明確にしているか？

また、あなたの**洋服や持ち物の背景やストーリー、自分の主義やポリシーなどを語れるようにしておく**ということも責任のひとつです。

ビジネスは相手があってこそ、成り立つものです。自分の都合でその服を着ているのか、他者への敬意を示すために洋服を着ているのかは、見る人が見れば、いとも簡単に見抜かれてしまいます。

今日、あなたに期待される役割とは何か、その役割を全うするために、最適なシャツ、ネクタイ、スーツはどんなデザインかいいか、ほかにより適した選択肢はないか、自問自答し、装いの目的を明確にして、最適なものを身に纏うのです。

そして鏡の前に立って、あなたのその姿を見た人が何を思うのかを、想像して、問題がないことを確認してから出掛けましょう。

One Point Lesson

「なんとなく見栄えが良いから」「有名ブランドのものだから」という理由だけでアイテムを選ぶのは、若い人ならともかく、ある程度年を重ねた大人の態度としては、表面的過ぎます。これからは、自分なりの装いの哲学や、人に語れるストーリーを作っていくことを意識しましょう。

スーツ選びの基本 | Men's Suits Rules | 1

信頼を得たいなら
クラシックな英国スタイル

Point　スーツを「クラシックスタイル」に切り替える

ビジネスパーソンにとって、「信頼される」ことほど大切なことはありません。その信頼感を外見で伝えることのできるのが、クラシックな「**英国スタイル**」です。ビジネスという戦場で身を守る「鎧」であるスーツは、流行に左右される必要はありません。英国スタイルは、デザインや色、柄ではなく、上質感で勝負するもので、世代を超え、性別を超え、文化を超えて、信頼されるスタイルです。

世界各国のエグゼクティブに共通していえることですが、彼らは、**立場が上がれば上がるほど、クラシックな装いをする人が多くなります。**

スーツの素材は天然のウール素材。色は濃紺、グレー、チャコールグレーの3色。柄は無地かストライプが基本です。

英国式のスーツの特徴は、肩のパッドが厚めで袖山が際立っています。肩から胸にかけてはイングリッシュドレープと呼ばれる優美なドレープラインが見られ、ウエストは軽くシェイプされ、腰に向かって膨らんでいくスタイルです。威厳と優雅さを備えた正統派のジェントルマンを印象づけるスタイルです。

ちなみに、英国式以外の主なスーツのスタイルは、ほかに2つです。

ひとつは**イタリア式**です。胸元に膨らみを持たせ、お尻に向かって引き締まっていく逆三角形のスタイルで、男性の色気を引き出します。プライベートでのパーティーやデートなどにはうってつけですが、ビジネスシーン、とくに銀行や不動産、証券会社など顧客の資産を預かるような業種ではふさわしくありません。

もうひとつが**アメリカ式**です。肩はナチュラル、ウエストは絞りの少ないストレート、全体的にはボックス型です。動きやすさや機能性を重視する合理的なアメリカ人らしいスタイルです。トランプ米大統領のスーツを思い浮かべるとわかりやすいでしょう。

One Point Lesson

一時期、細身のスーツスタイルが流行した時期がありましたが、3年ほど前から再び世界的に、スーツの源流である英国のクラシックスタイルに回帰しています。

嫌われないための最低条件
清潔感を色気に変えるメソッド
最上級のセルフメンテ
絶対に見られる基本のキ
格が上がるディテール・テク
ハイクラスが実践する習慣
イメージアップの大原則
印象を残す戦略的スキル
究極の自己演出

国によるスーツスタイルの違い

スーツ発祥の国はイギリスですが、
国ごとに国柄などを反映したシルエットや仕立て方があります。
ここでは代表的な3カ国のスタイルについてご紹介します。

British Style
ブリティッシュ・スタイル

袖元が少し盛り上がった構築的な肩のラインが特徴。ウエストは軽く絞られているのが主流。肩パッドがしっかりと入っていて、男性的で威厳を感じさせるシルエット。

American Style
アメリカン・スタイル

肩はナチュラルラインで、フロントにダーツが入っていないタイプが多く着やすさを重視したスタイル。全体的にゆったりとしたボックス型のシルエットで太めの男性でも合わせやすい。

Italian Style
イタリアン・スタイル

肩はしなやかな形状で、イタリア人が理想とする逆三角形の男性美を強調するシェイプ。しなやかな素材とソフトなウエストの絞り込みが特徴。セクシーな印象を醸し出し、ファッション志向が強い。

スーツ選びの基本 | Men's Suits Rules | 2

限られた予算で控えめな装いを

Point　月収の2割を目途にオーダースーツを選ぶ

スーツは、値段が高ければ高いほうがいいと思っていませんか？　たしかに高額になるほどいいスーツと出会う機会は増えるでしょう。しかし何十万円もの高額なスーツを、だれもが必要としているわけではありません。

スーツは、仕事や立場にふさわしいものを身に着けるのが基本です。背伸びをせずに、自分に見合った予算で、自分に合ったスーツを選ぶことが大切なのです。

私がすすめているのが、**月収の2割程度のスーツを買う**ことです。

月収30万円の方だったら、6万円のスーツです。スーツに月収の2割程度を出せば、おのずとその人の立場に見合ったスーツになるでしょう。

つねに月収の2割という目安でスーツを買っていけば、立場が上がるに従って、スーツも自然とグレードアップしていきます。

ブランドものや派手な装飾は不要

いまは、テーラーやセレクトショップを始め、多くのブランドが、数万円台から、パターンオーダーを受け付けています。既製スーツを買うよりも、同じ金額を出して、**パターンオーダーやイージーオーダーで、自分の身体に合うスーツを選んだほうがより凛々しい印象を与えますし、投資価値は高い**でしょう。

装いは引き立て役ですから、色味や柄を抑えて、装い自体ではなく、着ている本人が際立つことが大切です。これ見よがしに、ブランドものや派手なアイテムを身に着ける必要はありません。

むしろ意識するのは、**「アンダーステートメント＝控えめ」な装い**。

そのうえで、立場に合った振る舞いをし、品格を備えていれば、あなたの魅力は十分、相手に伝わることでしょう。

One Point Lesson

スーツは春夏用、秋冬用を、それぞれ3着ずつ持っていれば、ひとまず十分です。重要なポストに就き、フォーマルな場所に出向く機会が増えれば、タキシードを持っていると重宝します。

スーツ選びの基本 | Men's Suits Rules | 3

最低限、知っておきたい7つの「黄金ルール」

Point 世界規準のスーツのルールをマスターする

スーツを着るうえで、何世紀も変わらない「黄金ルール」があります。このルールに則っていれば、世界中、どこへいっても恥をかくことはありません。

1. Vゾーンの比率

日本の着物は、平面的な腰回りに帯を幾重にも重ねることで造形美を作り出し、視線を下へ誘導します。一方、洋装は肩から胸を中心に造形美を作り、視線を上部へ向けます。対面でのコミュニケーションは、視線の8割方が顔回りに集まりますから、洋装が重視する胸のVゾーンがその視界に入ります。ゆえに**スーツを着ている方の第一印象は、Vゾーンで決まる**といわれているのです。

Vゾーンの、ネクタイ、シャツの襟幅、ラペル（ジャケットの襟）の幅、のすべてが均等になっていると、エレガントな印象を与えます。

さらにラペルの幅は、着る人の身体の大きさによって調整すると、より洗練されて見えます。ラペルの幅は通常、7・5センチから9センチです。顔が大きい、肩幅が広い、胸板が厚いという方は、ラペルの幅も、9センチに近づけましょう。身体とのバランスがよくなります。顎回りなどにボリュームが出てきた人も、ラペルの幅を9センチくらいにすると、貫禄を感じさせることができるでしょう。

逆に、華奢で小柄、顔も小さく、肩幅も狭いという方は、ラペルは7・5センチから8センチくらいにすると、よりシャープな印象となるでしょう。

2. Vゾーンのコントラスト

シャツとネクタイ、スーツとのコントラストも印象を左右します。とくに**Vゾーンは光沢感があり、コントラストが強ければ強いほど、よりフォーマルな印象となり、力強さや威厳を感じさせます。**

究極のハイコントラストが、真っ白なシャツにツヤ感のある真っ黒なジャケットを合わせる燕尾服やタキシードです。見た目で威厳を感じさせたい人は、柄シャツや色柄の目立つネクタイは避け、ハイコントラストと装飾をそぎ落としたミニマムな装いを選びましょう。

逆に親しみやすさや穏やかさを演出したい場合は、シャツとネクタイ、スーツとの色合いをできるだけ近づけてテクスチャーのある素材を選ぶと効果的でしょう。

Vゾーンの印象

ハイコントラスト
威厳的／力強さ／スマート／シャープ／フォーマル／リーダーシップ

ローコントラスト
若々しさ／やさしさ／おだやかさ／親近感／軽やかさ

3. ジャケットとシャツの理想的なサイズ

本来、**シャツとは、汗でスーツが傷むのを防ぐために着る「下着」**であり、とくに汗をかきやすい首回りと腕回りで、スーツに皮脂がつかないよう守る役割があります。そのため、ジャケットとシャツの理想的なサイズは、着たときに、首回りと袖で、シャツがスーツから1・5センチ出るサイズになります。

4. ジャケットは背中にしわができないものを

日本では平安時代の頃から、身体の横幅が広いことを好み、とくに身分の高い男性は座る際に、横幅を強調する座り方をしたという記録があります。横幅を好むのは、日本的な伝統なのか、はたまたバブル時代の名残なのか、日本のビジネスパーソンはおしなべて、身体のサイズよりも大きめのスーツを着ている方が多いようです。

大きめのスーツは、前身頃や後ろ身頃に、縦じわを作ります。逆にサイズが小さいと、横じわができてしまいます。**欧米では、しわの寄ったスーツを着ていると美意識が低いと見なされる**ので、注意しましょう。ご自分のスーツにはしわが入っていないでしょうか。鏡を使って、チェックしてみてください。

また、**横から見たときに、首からお尻にかけてのラインがS字型**になっていれば合格。スーツが、背骨のラインにフィットしているのが、もっとも美しいシルエットです。

嫌われないための最低条件
清潔感を色気に変えるメソッド
最上級のセルフメンテ
絶対に見られる基本のキ
格が上がるディテール・テク
ハイクラスが実践する習慣
イメージアップの大原則
印象を残す戦略的スキル
究極の自己演出

5. 胸元もベストフィットのものを

ジャケットのサイズは、**ボタンを閉めたときに、シャツとのあいだに、手のひら1枚分の余裕があるのが理想的**です。これが、こぶしが入るほどゆとりのあるものになってしまうと、シルエットが美しく出ません。手のひらがすっと入って、すっと出せるのが理想的なサイズと覚えておきましょう。

6. コーディネートは「1柄2無地」「2柄1無地」「3無地」のいずれか

コーディネートの際の注意点として、**シャツ、ネクタイ、スーツのうち、柄は最大2つまでにしたほうが無難**です。スーツとネクタイに柄が入っているならば、シャツは無地にしましょう。3つとも無地にするのはOKですが、柄を3つ合わせるのは上級者向けテクニックとなります。

《コーディネートの法則》

- **ストライプ同士を合わせるときは、幅や太さに差をつける**
- **ストライプ同士を合わせるときは、同系色で合わせる**
- **チェックとストライプを合わせるときは、もうひとつは無地にする**
- **チェック同士を合わせるときは、チェックの大きさに差をつける**

●チェック同士を合わせるときは、色数を抑え、同系色でまとめる

7.「ヴィジュアルオーソリティ（見た目の権威レベル）の法則」

洋服の組み合わせ方や、色、素材を変えることで、見た目を自在に調整する「ヴィジュアルオーソリティの法則」をご紹介しましょう。

①シルクやウールなど表面がなめらかな素材
②光沢感のある素材
③無地
④ダークカラー
⑤単色
⑥ハイコントラスト

この6つの要素は、フォーマル感やリュクス感、見た目の権威レベルを高める要素です。これらの要素をシャツやネクタイ、スーツに盛り込めば盛り込むほど、見た目のフォーマル感がアップします。

また、衣（チーフも含む）を重ねれば重ねるほど、見た目の重々しさを上げることができます。わかりやすくいえば、シャツ1枚の出で立ちよりも「シャツ＋ジャケット」。「シャツ＋ジャケット」よりも「シャツ＋ベスト＋ジャケット」。さらに、ポケットチーフを加えるといった具合です。

疑われないための最低条件
清潔感を色気に変えるメソッド
最上級のセルフメンテ
絶対に見られる基本のキ
格が上がるディテール・テク
ハイクラスが実践する習慣
イメージアップの大原則
印象を残す戦略的スキル
究極の自己演出

①ツイードやリネンのように表面にテクスチャーのある素材
②光沢感のない素材
③原色や派手なカラー
④多色使い
⑤ローコントラスト

この5つの要素は逆に、カジュアル感を高め、親しみのある雰囲気を出すのに役立ちます。色や素材を使ったこの公式を覚えて、自分の見た目を、自在にコントロールできるようにしましょう。

One Point Lesson

ジャケットには、「フラップ」と呼ばれるふた付きのポケットが付いています。これはもともと、雨やほこりをよけるために作られたディテールです。結婚式やパーティーなどフォーマルな場面では、ふたの部分を内側にしまい込んだほうがスマートに見られるでしょう。

色による影響力の法則

- 大きな取引の交渉
- ビッグプロジェクトの決議
- 大事な会合
- 役員プレゼン

- カジュアルパーティー
- 週末出勤

―シャツ選び ― Dress Shirt ―

シャツは消耗品

Point　シャツは白無地か水色（ライトブルー）が基本。5〜10枚は用意

ビジネスでも政治の世界でも、**シャツは白無地か水色（ライトブルー）のコットン素材の「ドレスシャツ」が基本**です。

白は最も高貴な色であり、上位層のシンボルです。白を汚さずに着るというのは、行ないや振る舞いの洗練さを示すことにもなります。

シャツの襟先が、スーツの襟のラインの内側に、ぴたりと収まるように着るには、襟先が**１００度前後開いているセミワイドスプレッドと呼ばれるタイプのシャツ**がおすすめです。ボタンはシャツの品質を雄弁に語るため、プラスチック製のものではなく、貝ボタンのものがオススメです。

白無地と水色以外のシャツは買わないことにすると、毎日の服選びもぐっと楽になります。ちなみに半袖シャツはＮＧです。どうしても暑ければ、袖まくりをしましょう。

シャツはつねに5～10枚ストック

先ほども触れましたが、シャツは「下着」と同じ役割のものと考えてください。襟がヘタってきたり、クリーニングをしても、黄ばみや汚れが落ちなかったら、新しいものに取り替えましょう。

なにも数万円もする高価なシャツを買い揃える必要はありません。できればシャツを得意とする専門店で5000～1万円台のシャツを、5～10枚ストックしておきましょう。オフィスにも取り替え用のシャツを置いておくと便利です。

シャツは消耗品ですから、ビジネス街では顧客のニーズがあるのでしょう、ニューヨークのウォールストリートでは、シャツの専門店が立ち並んでいます。

知り合いの経営者は、1年分のシャツをまとめて買い、年始めに、すべてを新品に替えるそうです。パリッとした新品のシャツをおろして、新たな年の仕事を始めれば、気持ちも引き締まるでしょう。

最近は日本でも、シャツをカスタムオーダーする人が増えてきました。ニューヨークに2店舗あり、現地のエグゼクティブたちから絶大な支持を得ている「メーカーズシャツ鎌倉（通称：鎌倉シャツ）」は、国際的なビジネスシーンでプライドを持って着られる国際規格のシャツ作りをしています。

白蝶貝のボタンを使用したパターンオーダーシャツは、1万円以下の価格で作ってくれます。高品質にもかかわらずお手頃の価格で作ってくれるため、初めてカスタムメイドに挑戦してみたい人にはお勧めです。

One Point Lesson

シャツも、スーツと同様にシルエットが命です。どれだけいいスーツを着ても、スーツのラインと合わないシャツを着ていると、しわがよって、みっともない印象を与えます。細めのスーツを着るなら、シャツも、ウエストを絞ったものにするなど、スーツに合わせたシャツを選ぶようにしましょう。

肌着選び | Underwear |

肌着は透けてはいけない

Point **肌着はシャツに透けないシームレス&ベージュ色をチョイス**

Point **万が一のために、替えの肌着、靴下、ネクタイ、シャツをオフィスにも常備する**

シャツの下に着る肌着にも気を遣いましょう。リブが太くて生地の厚いタイプの肌着は、シャツのラインが崩れるだけでなく、丸首が透けるとみっともない印象を与えます。おすすめが、**ユニクロの「エアリズム」とグンゼの「SEEK」**です。着ている感覚がないほど、着心地がよく、洗練されて見えます。汗をかいてもすぐに吸収、発散されますし、抗菌加工もされているので、ニオイも付きにくい優れモノです。

白の無地の肌着は透けることがあるので、**色はベージュがベスト**です。胸元は深いUネックかVネックで、シャツの第2ボタンを開けても見えないものを選びましょう。

肌着も、シャツなどと同様、オフィスに数枚常備しておくと便利です。

オフィスには、ネクタイもストックしておきましょう。海外のデキるビジネスパーソンは、商談相手に合わせてネクタイを使い分けます。自分の気分を変えるだけでなく、相手への配慮という意味もあります。

ネクタイとシャツに加えて靴下も替えを置いておくと、外出先から帰社したときに、不快な思いをしないで済みます。雨が多い時期はとくに重宝するでしょう。

One Point Lesson

料亭などで靴を脱ぐ際に、お店の女将さんなどは必ず、装いや靴の状態をチェックしています。靴下に穴が空いていたら目も当てられません。あらかじめ靴下を見せることが分かっている場合は、新品の靴下を穿いていくとより好印象です。

革靴選びの基本 ｜ Leather Shoes

革靴は「状態」を見られている

Point 毎日、シューキーパーを使ってメンテナンスする

英国スタイルに合わせる革靴は、足の甲に横線が1本入ったストレートチップの黒が最適です。では靴は、値段が高いものを買ったほうがいいのでしょうか。

そんなことはありません。

ニューヨークのエグゼクティブでも、高級靴として有名なジョン・ロブやチャーチ、エドワード・グリーンといったメーカーの靴を履いているのは、一部の人たちです。**大半の人は標準的な価格帯の革靴を履いています。**

ただし彼らは、毎日の靴磨きを怠らず、つねに最高の状態を保っています。

一流ホテルやレストランのスタッフは足元をよく見るといいますが、**彼らが見ているのは、革靴のクオリティではなく、「状態」**です。せっかくジョン・ロ

ビジネスにふさわしい靴

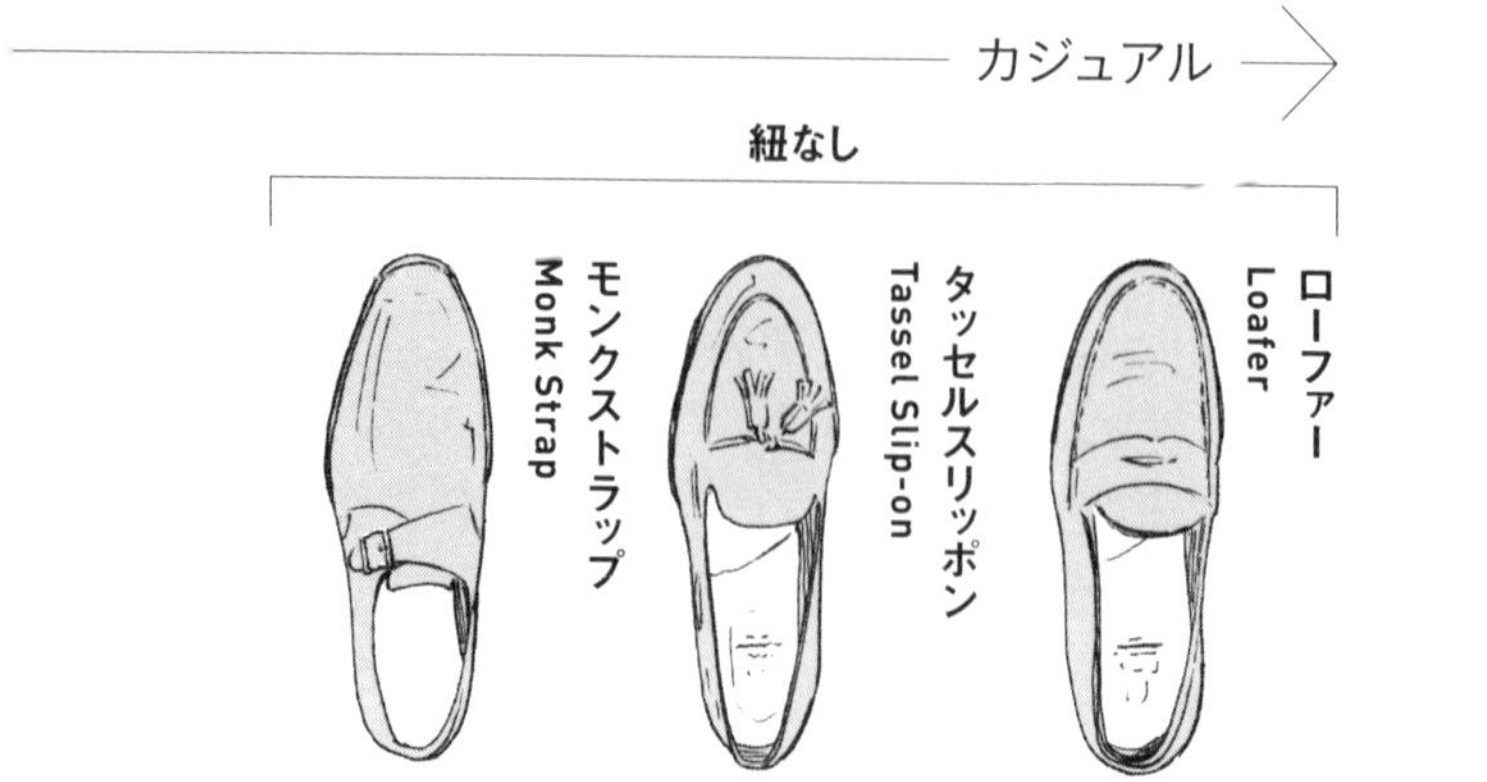

ブを履いていても、靴が汚れていれば評価はされません。値段は高くなくても、ピカピカの靴を履いている人のほうが高く評価されるのです。

そこで帰宅したら、革靴を磨くことを習慣づけましょう。また、1日履いた革靴は、コップ1杯分の汗を吸うといわれています。これがニオイやカビの元となるため、**1日履いたら、最低でも2日は乾燥させる**ようにしましょう。その際に、木製のシューキーパーを入れておくと、形が崩れず、ニオイも取れます。

One Point Lesson

靴磨きの際は、表面の汚れを軽く落とした後に、乳化性クリーム（SAPHIRやBootBlackなど）を、指に巻き付けた布に取って、靴全体に「の」の字を描くように薄く塗ると、革本来の質感を保ちながら、美しく仕上げることができます。

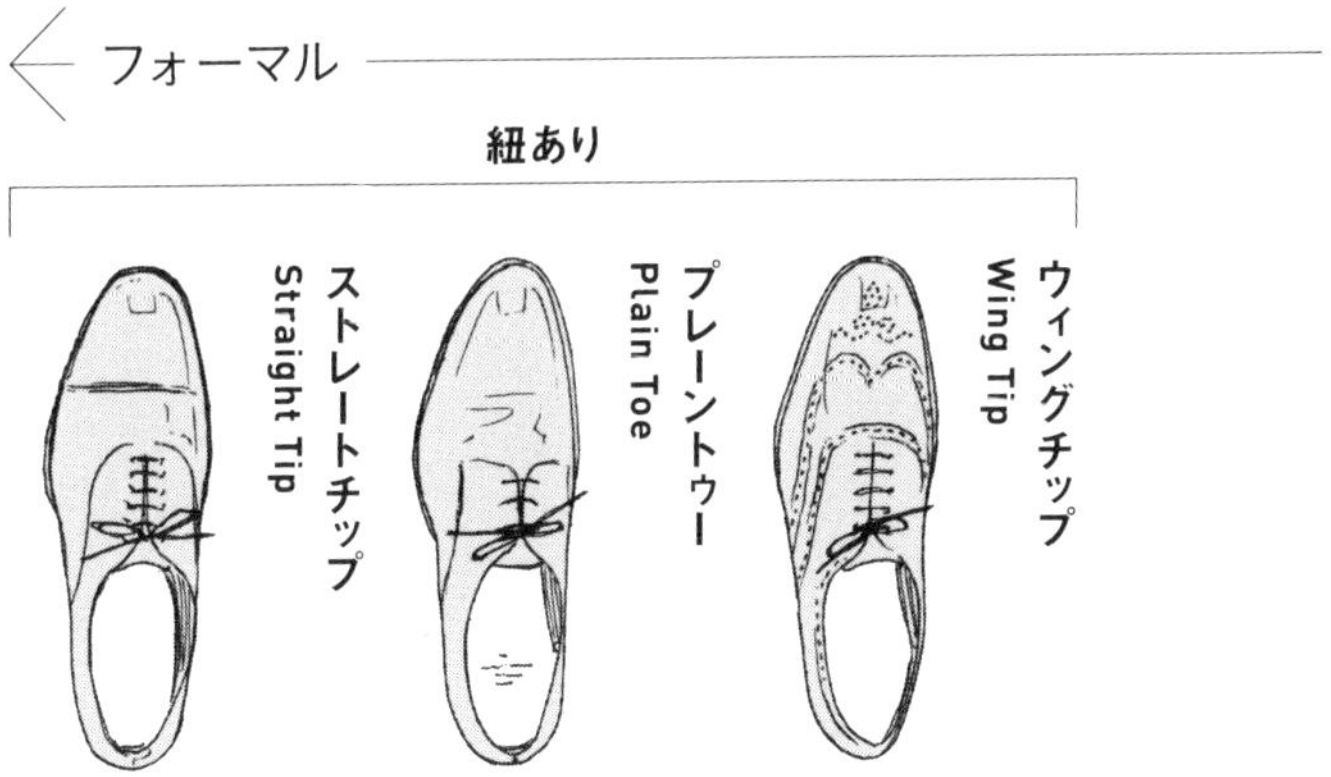

鞄選び | Bag

日本人が最も気を抜く小物事情

Point 自立型の革バッグを買う
Point 鞄を肩にかけて通勤しない

鞄は、柄やブランドのロゴが主張しすぎないもので、素材にこだわって選びましょう。最もおすすめなのが、**オールレザーの自立型の鞄**です。

とくに営業職の人にとって鞄の役割はとても大きく、交渉や契約の場では、レザーの鞄が相手に絶大な信頼感を与えてくれるでしょう。

仕事の大切な場面ではレザーの自立型鞄を使い、**内勤日は少しカジュアルに、レザー（あるいはナイロン）のトートバッグ**など、目的に合わせて使い分けてもいいでしょう。

最近は、バックパックを背負ったビジネスパーソンを多く目にしますが、ジャケットを着ているときはおすすめしません。肩パッドが潰れて、せっかくのスーツのラインが崩れてしまいます。

シャツやポロシャツで出勤することが許される業界なら、リュックサックもビジネスカ

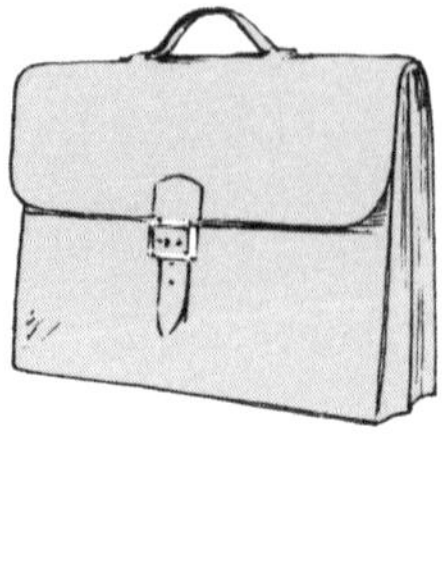

自立型の鞄
床に置いても倒れないタイプの鞄。スマートに書類を取り出せます

ジュアルとして成立しますが、それも30代まで。40代からは、威厳のあるレザー鞄を選んだほうがいいでしょう。

One Point Lesson

時計のベルト部分、ベルト、鞄、靴の色味や濃淡、素材を統一させると、スマートかつ抜け目のない印象となります。時計に関しては、樹脂ベルトやナイロンベルト、デジタル時計はカジュアルな部類に入ります。冠婚葬祭やフォーマルなシーンでは、レザーのベルトがついた薄型の、2針あるいは3針の時計を選ぶのが無難です。

簡単チェック!

着こなしのポイント総ざらい

最低限押さえるべきスーツの基本をまとめました。
鏡を見ながら一つひとつチェックしましょう。

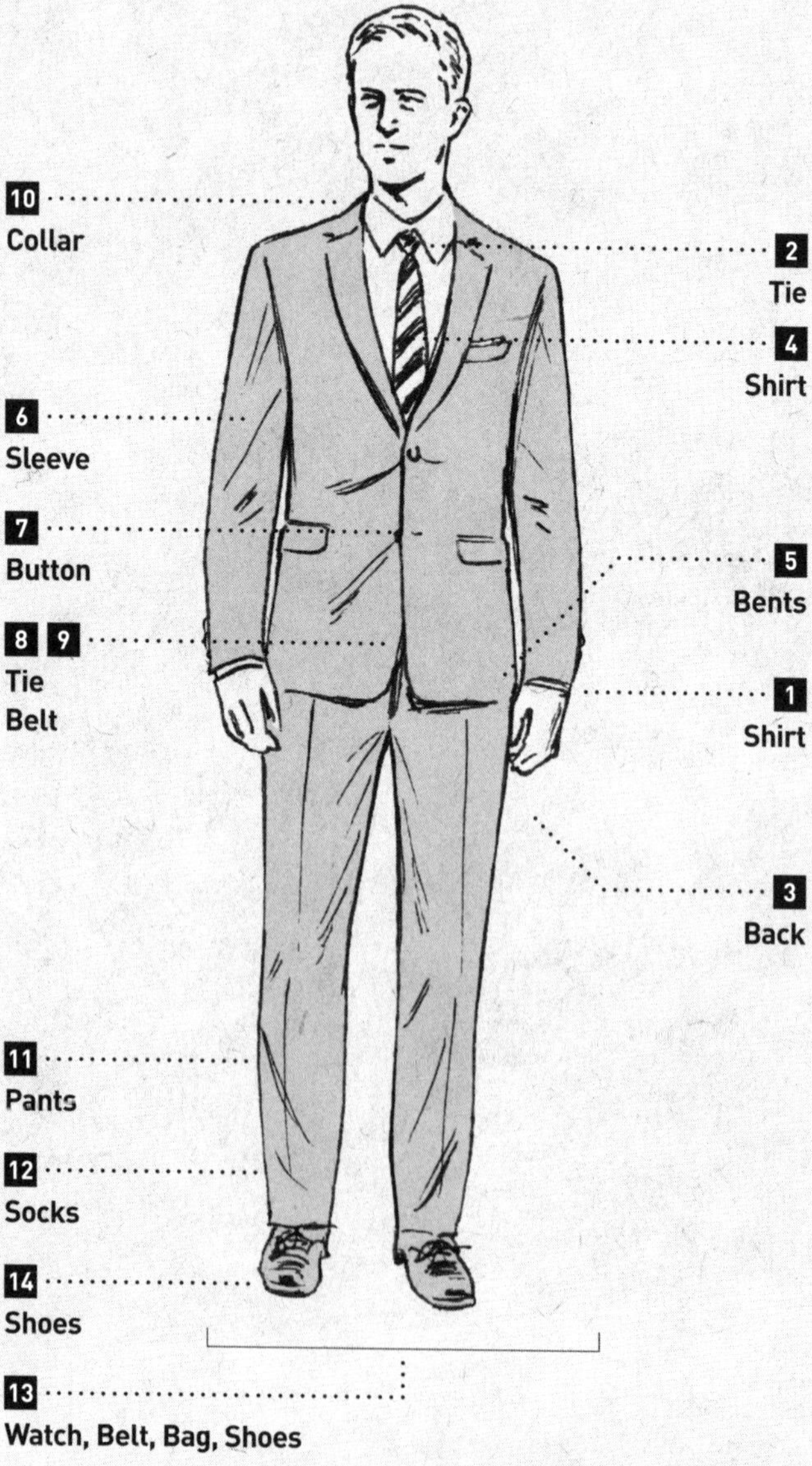

嫌われないための最低条件
清潔感を色気に変えるメソッド
最上級のセルフメンテ
絶対に見られる基本のキ
格が上がるディテール・テク
ハイクラスが実践する習慣
イメージアップの大原則
印象を残す戦略的スキル
究極の自己演出

1
シャツがジャケットの襟元、袖口から1.5〜2センチほど出ている

2
シャツの第一ボタンとネクタイの結び目の間に空間がない

3
後ろから見たときに、スーツが背中のラインに自然に吸い付いていて
縦じわや横じわがない

4
ジャケットの胸元のフィット感は、
胸元に手のひらがすっと入るほどの余裕を

5
ジャケットのベント（切り込み）が開いていない

6
袖の幅は細いとモダンでエレガントな印象に、
太いとクラシックな雰囲気に

7
立っているときは、ジャケットの一番下のボタンはつねに外しておき、
座るときには、ジャケットの他のボタンも外す

8
ネクタイの長さは、先端がベルトのバックルにかかる長さ

9
ベルトは中央の穴に針が通る長さのものを

10
シャツの襟先はジャケットに綺麗に収める

11
パンツのクリースライン（折り目）がまっすぐ落ちている

12
靴下は、パンツと靴に馴染むつなぎとなる色を選ぶ

13
時計、ベルト、鞄、靴の色や素材が統一されている

14
靴は紐の付いた革靴が基本

column

革靴のメンテは「細切れ時間」を有効活用

靴を自分ではなかなかきれいに磨き上げる余裕がないという方は、「**靴磨き屋**」を活用しましょう。見違えるほど美しくなります。とくに会食やパーティーなどの前に利用するといいでしょう。

ちなみにニューヨークの五番街には、数ブロックごとに靴磨き屋があり、10ドル支払えば、10分足らずで驚くほどピカピカにしてくれます。靴を磨いてもらっているあいだに、ニューヨーカーたちはメールの返信をしたり、その日の予定を確認したりして、時間を有効に活用しています。最近では日本でも、靴磨き屋を見かけるようになりました。有楽町などにある「**千葉スペシャル**」(写真)は、リーズナブルな価格で、価格をはるかに超える価値をもたらしてくれます。

また、帝国ホテル地下1階にある「**シューシャイン**」は、数々の要人の靴を磨いてこられた方が、靴を磨いてくれます。ひょっとしたら政界や経済界の重鎮に関するこぼれ話を聞けるかもしれませんね。

Step 2

Advanced Style 1

Advanced Style 2

Suit Care

Tie

Dress Shoes

Trial Fitting

After 6 Style

―スーツ選びの応用 ― Advanced Style ― 1

立体感を意識してスーツを着る

Point 5つのポイントを押さえてスーツを選ぶ

スーツ選びのコツは、立体感のあるスーツを選ぶことです。クオリティの高いスーツは、各パーツを手縫いで組み合わせますから、くるっと丸みを帯びたような立体感を持っています。とくに**日本人は、欧米人に比べて華奢なため、スーツの立体感を活かした着こなしを心掛けるべき**でしょう。

スーツを立体的に着こなし、頼りがいや存在感を漂わせる経営者もいますが、日本の多くのビジネスパーソンは、スーツを平面的に着てしまいがちです。

そこで立体感を演出できるスーツを選ぶためのポイントを5つご紹介しましょう。

1. 袖を通したときにもっとも美しく見える

ハンガーにかかっている状態で見映えが良いスーツには注意しましょう。こうしたスーツは、着用しているうちに袖や背中に斜めじわができたりします。欧米人に比べて、アジア人は前傾姿勢になりがちで、通常、スーツもその傾向に合わせて縫製されています。

ハンガーにかけたときは見栄えが良くなくても、腕の付け方が身体に沿った形になっているスーツのほうが、着たときにしわができず、美しく見えます。

2．ラペル（襟）がキレイに曲線を描いて折られている

相手の目に留まりやすいラペルはスーツの「顔」のような存在です。きれいな曲線を描いたラペルは職人の手がかかっている証拠ですから、折り紙のように平面に折られているのではなく、ふんわりと曲線を描いて折られているスーツを選びましょう。量産工場で大量に作られた安い既製スーツか、手作業によって仕上げられた高級なスーツかは、スーツのラペルを見れば一目瞭然です。

3．肩がぴったりで、ウエストと袖の間に若干の空間がある

肩から胸にかけては、身体にピシッと吸い付き、ウエストからヒップにかけては、身体をソフトに包み込む。袖はほどよくシェイプされ、ウエストとの間に若干の空間があ

2018年9月、ウラジオストクで開催された第4回東方経済フォーラム全体会合にて、握手を交わす安倍首相とプーチン露大統領。威厳が伝わる装いはどちら？

嫌われないための最低条件
清潔感を色気に変えるメソッド
最上級のセルフメンテ
絶対に見られる基本のキ
格が上がるディテール・テク
ハイクラスが実践する習慣
イメージアップの大原則
印象を操る戦略的スキル
究極の自己演出

るのが、スーツの理想的な形です。

4. パンツのクリースラインが綺麗に落ちている

パンツの折り目を「クリースライン」といいますが、クリースラインがヨレることなく、ビシッとしていて、パンツの全体のシルエットがストンと綺麗に落ちているのが理想です。

5. ダークカラーを選ぶ

ネイビーやチャコールグレーのスーツを着ると、仕立てのよさや立体感が強調されます。ライトカラーのスーツだとシルエットが曖昧に見えてしまいます。

2018年9月に行なわれた「東方経済フォーラム全体会合」で、安倍晋三首相はライトグレーのスーツを着ていましたが、ダークカラーのスーツを着こなすロシアのプーチン大統領に比べると、威厳や自信に欠ける弱々しい印象を感じさせます（前ページ写真）。

One Point Lesson

ブラウン系のスーツはもともとカントリー用ですので、ビジネスにはふさわしくありません。休日やカジュアルなシーンに限定して着るようにしましょう。

スーツ選びの応用 | Advanced Style | 2

スーツのクオリティは糸でわかる

Point 生地に対する感度を高める

クオリティが高いスーツを見分ける目安のひとつが、ジャケットの襟（ラペル）の立ち上がりのカーブが、ゆるやかで立体的な作りになっていること。

そしてもうひとつの目安が、**生地に使われる糸の細さ**です。ウール製品のタグには生地が織られた国名とともに、使われている原毛の細さが、**SUPER**という指標で表記されています。

SUPERは、原毛1キログラムの羊毛で何キロメートルの糸を作っているかを示すもので、原料の繊維の細さがわかります。100、110、120、130……と数値が上がるほど、より細い糸が使われていることになります。基本的には、糸が細くなればなるほど、感触はなめらかで、軽くやわらかな仕上がりとなりますが、同時に生地の耐久性は弱くなります。

イタリア製の生地のスーツは、基本的に1本の糸からなる単糸で編まれた生地で作られ

スーパーの表示 SUPER
100〜120は肌触りが良く堅牢性もある

嫌われないための最低条件
清潔感を色気に変えるメソッド
最上級のセルフメンテ
絶対に見られる基本のキ
格が上がるディテール・テク
ハイクラスが実践する習慣
イメージアップの大原則
印象を残す戦略的スキル
究極の自己演出

ています。生地は柔らかく滑らかで、ツヤ感が出やすいのが特徴です。

ただし単糸で編まれているので、丈夫さには欠けるというデメリットがあり、頻繁に外回りする営業職には不向きかもしれません。

一方、イギリス製の生地のスーツは、2本の糸をより合わせて1本の糸にした双糸を使うので、イタリア製の生地に比べると手触りやハリのある肌触りで、耐久性に優れています。

また、同じSUPER 100という表記でも、ウールの生産地や、繊維の集合体である糸の太さ（番手）によってはクオリティや値段が変わることがあります。タグに表記されているSUPERの数値だけに惑わされずに、オーストラリアやニュージーランドなどの高級羊毛生産地で作られたものかどうかというのも確認する必要があるでしょう。

たとえ同じ型であっても、生地に使われている糸の細さやウールの生産地でスーツの印象は大きく変わるということを覚えておいてください。

スーツの素材はTPOで変える

夏になると、**ポリエステルやナイロンの入った化学繊維のスーツを着ている方がいますが、40代以降の方にはおすすめできません。**

重要な商談の場で、相手がウールのスーツを着ているのに、テカテカのスーツで商談に臨めば、「モノの価値が分かっているのか」といぶかしがられてしまうでしょう。

しかし、長時間のフライトの際などでは、しわになりにくいストレッチ素材のスーツが重宝する場合もあります。大切なのはやはりＴＰＯです。

One Point Lesson

私の知り合いに、インタビューや写真撮影のときには必ず、ウール素材にシルクをブレンドした素材のスーツを着る方がいます。

シルクが織り込まれていると、光が当たったときに、輝くような光沢感や上品さが生まれます。ウールのスーツを着た方が並ぶなかで、ひとり際立った印象を与えます。このような見た目の華やかさを際立たせるスーツを1着持っていてもいいでしょう。

メンテナンスの基本 | Suit Care

5分の「鎧メンテ」が翌日の「戦果」を決める

Point スチーマーで、スーツやシャツを手軽にメンテ

スーツのメンテナンスを怠れば、せっかくの「鎧」が台無しに。大量の汗や湿気を含んだスーツを放置すれば、傷んでカビが発生することもあります。ジャケットに染み付いた汗染みや悪臭は、本人が気付かなくても、周囲の人は気付いてしまうものです。

忙しいビジネスパーソンにとっては、スーツのメンテナンスも、極力時間をかけずに済ませたいものです。その方法を伝授しましょう。

まず、普段のメンテナンス用に、**上質のブラシを1本用意**してください。帰宅後、スーツをハンガーに掛ける前に、ポケットに入っているものをすべて取り出しておく習慣をつけましょう。コインケースや重みのあるものを入れておくと型崩れをしてしまいます。

10秒ほどブラッシングをして、繊維に入り込んだフケやホコリを落とした後は、すぐに**厚みのある木製タイプのハンガー**にかけましょう。木製タイプのハンガーは、スーツの湿気を吸い取ってくれます。

1日着用したスーツは、最低でも2日は風通しのいい場所に吊しておきましょう。これで、かなりニオイがなくなるはずです。

良質なウールのスーツであれば、たとえしわができても、一晩置けば、新品のように立体感を取り戻します。上質なクオリティのスーツを、着るたびにきちんとブラッシングでケアをすれば、頻繁にクリーニングに出す必要もなく、10年、20年と長く着ることができるでしょう。

クリーニングに出すと、スーツ特有の厚みやまろやかさがなくなってしまうので、クリーニングはシーズンの切り替わりに一度だけで十分です。

さらに「時短」をめざす方は、**「衣類スチーマー」**を活用しましょう。衣類をハンガーに掛けたままケアできて、しわもあっという間になくなります。脱臭と除菌の効果もありますから、5分ほどスチームをかけて、風通しのいい場所に干しておけば、翌日には服に清潔感が戻ってきます。場所も取らずアイロン台も不要です。

ひとり暮らしの人には、とくにうってつけのアイテムでしょう。

One Point Lesson

出張などでホテルに泊まる機会の多い方は、バスタブにお湯をためて、スーツやネクタイを浴室に吊しておくと、蒸気が衣類を包み込み、アイロンをかけたような効果を得られるので、試してみてください。服についてしまったタバコ臭も湿気が吸い取ってくれます。

―ネクタイ選び―Tie―

同じ色でも素材で印象が変わる

Point　1日のなかでもシーンに分けてネクタイを使い分ける

伊藤忠商事の岡藤正広会長は、昼夜で違うネクタイを着けることで、気持ちを切り替えているそうです。ニューヨークのビジネスパーソンたちも、岡藤会長のように、ネクタイにこだわりを持って、シーンによって使い分けている人が多く見られます。

気を付けたいのは、ネクタイの柄の選択です。ビジネスシーンにより適しているのは、**無地、小紋柄、水玉**です。小紋や水玉は、柄が小さければ小さいほどシックな印象になります。

キャラクターや動物の柄物は、幼稚な印象を与えかねませんから、ビジネスでは不向きです。注意しましょう。

One Point Lesson

最近はネクタイもセミオーダーができるようになっています。自分ならではのこだわりを込めたネクタイが欲しい方は、オーダーに挑戦してもいいでしょう。

嫌われないための最低条件
清潔感を色気に変えるメソッド
最上級のセルフメンテ
絶対に見られる基本のキ
格が上がるディテール・テク
ハイクラスが実践する習慣
イメージアップの大原則
印象を残す戦略的スキル
究極の自己演出

—革靴選びの応用— Dress Shoes —

革靴は「しずむ」まで履き込む

Point　足幅が広い人は、靴もオーダーに

オーダーメイドの靴は、パターンオーダーでも最低5万円程度で、本格的なフルオーダーになるとなかなか手を出しにくい買い物かもしれません。しかし、その靴を**10年履き続けると考えれば、投資価値はむしろ高い**といえるのではないでしょうか。

足に疲労がたまると、姿勢も表情も崩れがちになりますが、自分の足にフィットした靴を履いていれば、疲労の蓄積も少なくなるでしょう。とくに、普通より足の甲が高かったり、足幅が広かったりする人は、既製品の中から合う靴を見つけるのが難しいですから、オーダーメイドをおすすめします。

オーダーメイドの靴を履いていると、いいモノを長く使用する目利きであると評価されます。イギリスのトニー・ブレア元首相やデーヴィッド・キャメロン元首相も、一足の革靴を20年近く履いていることで有名です。

靴底に敷かれたコルクが、自分の足のかたちにフィットすることを「しずむ」と表現しますが、初めて靴をオーダーした人が陥りがちなのが、しずむ前に、その靴を履くのを止めてしまうことです。

しずみきるまでには、少々痛みを感じるかもしれませんが、辛抱強く履き続けていると、**2ヶ月を過ぎる頃、まさにしずんだ状態が訪れます。**そうなると、もうほかの靴は履けないほど、心地よい履き心地の靴になるのです。

みなさんにもぜひ、この快感を味わってほしいと思います。

One Point Lesson

革靴は毎日、コップ1杯分の汗を吸うといわれています。靴は1日履いたら、紐を緩めて、木製のシューキーパーを入れて、風通しのいい場所に置き、最低2日は休ませましょう。

会談するキャメロン前首相（右）とオバマ前大統領

—試着時のポイント | Trial Fitting —

店員からのアドバイスを鵜呑みにしない

Point 熟練の店員に担当してもらう

スーツを選ぶ際は、客観的な意見も必要ですが、誰にアドバイスを求めるかをきちんと考えないといけません。ほしいアドバイスは、ビジネスにふさわしいスーツについてですから、その知識や経験の乏しい店員の意見は、参考程度に留めたほうが無難です。

たとえばまだ経験の浅い女性の店員さんだと、イタリア系のとろみ感のある薄い生地や、見た目が艶やかで、発色が鮮やかなアイテムを選ぶ傾向があります。女性好みのカラーやスタイルが必ずしも、ビジネスシーンで受け入れられるとは限りません。

ショップでは、**ビジネスにふさわしいスーツのことをよく分かっていて、業界ごとの特徴も心得ている熟練の店員さん**をつかまえて、意見を聞くようにしましょう。

熟練の店員なら、「**どんな職業や業種に就いているか**」「**将来、どうなりたいか**」という視点でヒアリングしてくれて、有益なアドバイスをくれるはずです。

One Point Lesson

同じ職場でスーツをカッコよく着こなしている上司にアドバイスを求めるのもいいでしょう。「どのショップで買ったか」「どういった基準でスーツを選ぶか」などの話を聞けば、店員よりもいいアドバイスをくれるかもしれません。

column

彼女のアドバイスは聞くべき？

ニューヨークの紳士服売場では、不思議なくらい女性の姿を見掛けません。これは**ニューヨークの男性が、ビジネスの戦場で着る鎧は、自分で選ぶ傾向が強い**ことを示しています。
私の知り合いでも、たとえパートナーを連れていっても、スーツについてはいっさい口出しさせないという男性がいます。もちろんこれはビジネススーツに限った話です。彼らもカジュアルな服や休日のリラックスファッションについては、一緒に過ごすパートナーや周りの人の意見を聞くようです。

―アフターシックスの服装― After 6 Style ―

フォーマルを保ちつつ「足し算」で楽しむ

Point **フラワーホールにラペルピンを着ける**

仕事を終えたアフターシックスにどんな服装をすればいいのか、仕事着のスーツのままでいいだろうかと悩まれる方もいらっしゃると思います。

基本的には、ビジネスの装いのままで問題はありませんが、そこは「**足し算**」でファッションを楽しんでみてはいかがでしょうか。

レストランで食事をする際には、照明の映える濃色のジャケットに着替えたり、季節に合わせて、ウール（秋冬）やリネン（春夏）素材のネクタイに替えてみたり、あるいは胸ポケットにチーフを差し込んだり、フラワーホールに趣味や嗜好をさりげなく伝えられるモチーフの**ラペルピン（音楽・美術・スポーツ等）**を着けてみるのもいいでしょう。

加えるだけで簡単にドレスアップできるポケットチーフなどのアイテムは、職場に置いておくと便利です。

簡単にドレスアップできるアイテム

ワンアイテムで
見た目がガラッと変わります。
TPOに合わせて使い分けましょう。

カフリンクス

会話の糸口になるようなものをさりげなく

光沢感のあるドレッシーなネクタイ

美しいディンプル（くぼみ）を作って色気をプラス

カシミアのストール

たった1枚でカンタンに華やかさがUP!

ボウタイ

くだけすぎず品格のあるものを

麻やシルクのポケットチーフ

エレガントな装いには必要不可欠

シルク地のベスト

格調高い優雅さや貫禄を演出

ラペルピン

時には遊び心が光るアイテムも◎

ドレッシーなシャツ

光沢感のある最高品質の白シャツを

相手よりフォーマルな装いを心掛ける

アフターシックスのイベントやパーティーでも、「**オーバードレスは問題ないけれど、相手よりアンダードレスするのは許されない**」というのが、グローバルなビジネスマンの共通認識です。

ニューヨークのエグゼクティブたちはつねに、相手よりもフォーマルな装いをすることを心掛けています。これはこちらが軽装で、相手がきちんとした装いの場合、相手を軽んじていることになるからです。

彼らが心掛けるのは、「**ほんの少しのドレスアップ**」です。誰かに会う前には、フォーマルを保ちつつ、ネクタイを付け替えたり、チーフを挿し込んだりして、準備をします。相手がカジュアルな装いで来たら、アイテムを外せばいいのであって、最初からカジュアルな装いをして、無礼なことにならないよう、気を配っているのです。

One Point Lesson

カジュアルな食事会やイベントでは、普段着ているビジネススーツに、シャツではなく、タートルネックを合わせるだけでも、雰囲気を変えることができます。昼間なら白、夜はダークトーンのインナーなら、スーツにも映えます。

Step 3

Item Selection

☟

Wardrobe Assessment

☟

Suit Maintenance

☟

Improve Reliability

☟

Ultimate Closet

☟

Eyewear 1

☟

Eyewear 2

☟

Accessories

アイテムセンス ｜ Item Selection

良質なものを触覚と視覚に記憶させる

Point　あらゆる価格帯の洋服を身に着けて、良質なモノを知る

本当に価値あるモノや良質なモノを知らなければ、いつまでたっても自分の審美的感覚や判断力を高めることはできません。

デパートやショップで気に入った商品を見つけても、値札が気になって吟味できない。試着したら、店員の押しに負けて、買ってしまいそうなので、試着できない。

こんな具合に、せっかくの素晴らしいアイテムとの出会いを逃していませんか。

雑誌やテレビなどで目にする情報に流されたり、ブランド名に惑わされたりすることもなく、自分にとって本当に価値あるモノを見つけるには、できるだけいろいろなものに触れて、着心地などを試してみるしかありません。

「見て美しい」

「触れて気持ちいい」

「まとって心地よい」

そういった〝モノとの経験〟を積み重ねることで、多くの商品から、いいモノを見つけられる目が養われていきます。

審美眼が磨かれる「パーソナルショッピング」

私は、クライアントと一緒にショッピングに出かける「**パーソナルショッピング**」というサービスを提供しています。

クライアントに、ハイブランドからファストファッションのアイテムまで、片端から着用してもらい、さまざまなブランドの商品を五感で味わってもらうことを目的としています。デパートの上から下までひと通り巡るので、「エスカレーターショッピング」とも呼んでいます。

このように、あらゆる価格帯の洋服を身に着ける経験は、いいモノを見極める審美眼を磨くのに役立ちます。

もちろん1日、パーソナルショッピングをするだけで、急に審美眼が身に付くわけではありません。こうした経験を重ねることで、表層的なブランドイメージやスタッフのセールストークに惑わされることなく、商品が価格に見合ったものなのかどうか、自分に最善のアイテムなのかどうかを、徐々に見極められるようになっていきます。

この世界には、同じような価値に見えて、そのクオリティや価格はまったくかけ離れているものが存在しています。それらを見極められるようになるには、**近道はなく、少しずつ時間と手間を掛けて、自分の五感を磨いていくしかありません。**

One Point Lesson

「ハイブランドの店は、敷居が高くて入りづらい」と感じられる方は、ハイブランドの中古品を取り揃えている店に行ってみてはいかがでしょうか。ブランド直営店とは違い、さまざまなブランドの中古品を比べられるというメリットがあります。もっと探求心のある方は、ヴィンテージショップへ行って、タグや値札を見ずに、いいモノを探し出してみると、いい訓練になるでしょう。

――アイテムの整理 ―― Wardrobe Assessment ――

買い足し不要! 役割に応じて「仕分け」が先決

Point 用途に合わせてワードローブのアイテムを3分類する

Point 2～3年着用していないアイテムは即刻捨てる

シーズンごとに洋服を買い揃えているのに、何を着ればいいかわからないという人がいます。そういう人は**ワードローブを把握し切れていない**ケースが多いようです。

一度、自宅のクローゼットの中身を確かめて、「戦力分析」をしてみてください。意外に使えるアイテムが眠っているはずです。

じつはこの戦力分析は、私が、国内外のエグゼクティブから受ける最も多いご依頼で、「**クローゼット・アナリシス**」というサービスです。

クローゼット・アナリシスを依頼する方々は、「**服はたくさん持っているのに、着られるアイテムがない**」「**何のアイテムをどのくらい持っていればいいのかがわからない**」「**いつも同じようなコーディネートになってしまう**」「**簡単にコーディネートできるワードローブ**

が欲しい」などとリクエストしてきます。

そこで私は、実際に自宅まで伺い、クローゼットの中にあるスーツやシャツからベルト、靴下まで、下着以外の持ち物はすべて、ひとつ残らずチェックします。

その上で、それぞれのアイテムについて戦力分析を行ない、次の3つのカテゴリーに分類します。

1軍＝現役でフル活用できるアンカーアイテム（1週間に2度以上、着用するもの）
2軍＝工夫次第で、現役として活躍可能なアイテム（1ヶ月に1度程度、着用するもの）
3軍＝即刻捨てるべきアイテム（2～3年着用していないもの）

もっと細かい基準もありますが、この3分類法なら、プロに任せなくても、読者のみなさんご自身で判断して、仕分けできるはずです。

首回りの汚れが取れないシャツ、シミのとれないネクタイ、テカリが目立ってきたジャケットやパンツ、肩が異常に大きいスーツなど、汚れたもの、時代を感じさせるもの、明らかに賞味期限切れのものは、当然、3軍行きです。3年以上1度も袖を通していないものも、譲るか潔くその場で処分しましょう。

そして、この戦力分析で何より大事なのは、「**見せたい自分**」**にマッチしない服は、たとえ新品であっても、**「**戦力外通告**」**する**ことです。装いで重要なのは統一感であり、ひとつでもミスマッチのアイテムがあると、大きく評価を損ないます。新品だともったいないと思われるでしょうが、思い切った決断をおすすめします。

One Point Lesson

戦力分析は、半年に1度、衣替えのタイミングで行なえば、クローゼットも自分の心もすっきりと整理されます。

—メンテナンスの応用｜Suit Maintenance—

既製スーツも少額投資で大変身

Point 靴磨きとスーツ、コートのメンテナンスはプロに任せる

Point リペアで「2軍アイテム」を1軍に昇格させる

戦力分析の結果、1軍はキープで、3軍は排除。**最も扱いに困るのが、「2軍アイテム」**です。

まだまだ着られるのに、丈が長すぎたり、ボタンが欠けているといったスーツやシャツは、リペアして、1軍に昇格させましょう。

また、既製服は少し手を加えるだけで、見栄えが変わり、オーダーメイドのような服に生まれ変わることがあります。スーツにかける予算が限られている方は、**既製服にプラスアルファのお直しをして、自分の身体に合ったオリジナルスーツ**を作ってみましょう。そうすれば愛着も湧いて、毎日のブラッシングなどケアへの意欲も出てくるでしょう。

おすすめのリフォーム店は、難易度の高いお直しも引き受けてくれる「**サルト**（SARTO）」や「**心斎橋リフォーム**」です。

心斎橋リフォームでは、「ジャケットやスーツの袖や丈を変えて欲しい」「ボタンや襟だけ替えたい」「ジャケットの肩の位置やウエスト幅を調整してほしい」といった要望に、プロたちが応えて、短期間で、世界に1着だけの即戦力スーツに仕立て直してくれます。

スーツだけでなく、襟先が傷んだシャツの裾をラウンド型にしたり、ジャケットの古いボタンをモダンで高級感のあるものに替えるなどの要望にも応えてくれます。ネクタイやバッグ、コート、レザー製品もワンポイントから修繕可能です。

装いに関していえば、一時期よりも流行を追うことが重視されなくなりました。これからは、ひとつのものを**愛着を持って、長く大切に使うサステナビリティの精神が重んじられる**ようになると思います。メンテナンスの知識だけでなく、靴磨きセットや高級洋服ブラシなど、メンテナンスが楽しくなるようなアイテムにもこだわりましょう。

One Point Lesson

仕立てた高級スーツやコート、オーダーメイドで作った革靴のメンテナンスは仕立てたお店へ持って行くのが安心です。クリーニングチェーンに出すと、プレスが強すぎるなど、仕上げがよくないことがありますので要注意です。

—信頼度アップ— Improve Reliability —

手元アイテムの「ストーリー」を語ると、信用を得られる

Point　「日本らしさ」が伝わるアイテムをどこかに忍ばせる

Point　大事な人から譲り受けたヴィンテージアイテムを身に着ける

身に着けているアイテムについてのこだわりや手に入れた背景など、ストーリーを語れることは、海外ではとても大切な能力です。

とくに、欧米ではひとつのアイテムを長く使うことに価値を見出す文化がありますから、そういうモノを見ると、**“show and tell”**といって、ストーリーの披露を求められます。

「このカシミアのニットは祖父母から代々引き継いで着ているんだ」

「父が20代のときから身に着けていたグローブ（手袋）なんだよ」

「息子が初給料でプレゼントしてくれたカフリンクスだ」

このようにひとつのアイテムを長く使っていることを、〝自慢する〟ことで、「**自分は良いものをしっかりと受け継いで大事にする家族の中で育ち、良いものを見極められる見識眼を持っている**」ということを示すことができます。そしてその実物を見せれば、一目瞭然で、その人の信頼度は大きく上がります。

日本人が見習いたい小山薫堂氏の粋な心がけ

残念ながら日本のビジネスパーソンには、このような、自分の持つ物に秘められたこだわりや思い出を語る習慣がほとんどありません。

以前、お仕事をご一緒して印象的だったのが、放送作家の小山薫堂さんです。スーツの内ポケットとペン差しの周りに、西陣織の着物の生地がきれいに縫い付けられていました。海外のレセプションパーティーやイベントに呼ばれるたびに、装いについて尋ねられるので、日本の文化やアイデンティティが伝わるモノをひとつでも身に着けて、日本について語れるようにしている、とお話ししてくれました。とても粋な心掛けで、見習いたいと思いました。

海外に行くと、社交の場でモノにまつわる話を求められることがとても多いので、身に着けているものに関するエピソードをひとつくらい用意しておきましょう。

One Point Lesson

話のネタになるという点では、カフリンクスや時計といったアイテムは、相手が目に留めて話題になりやすいアイテムです。こうしたアイテムは、新品よりヴィンテージのほうがより好印象です。

―アイテム整理術―Ultimate Closet―

「カプセルワードローブ」で出勤時の服装は迷わない

Point パーソナルコンサルタントに年間のワードローブを管理してもらう

「**ショッピング・イン・ユア・クローゼット**」というサービスをご存じでしょうか。

直訳すると「**あなたのクローゼットの中でショッピングする**」というこのサービスは、ニューヨークで多くのビジネスパーソンが利用しています。

ショップで買い物をするわけではなく、イメージコンサルタントと一緒にクローゼットの中にあるアイテムを再構築することで、装いの可能性を広げていくサービスです。

このサービスをひと言で表現すれば、「**ワードローブの管理**」です。

そう聞くと、政治家や経営者など何百着もスーツを持っているような、特別な人向けのサービスを想像しがちですが、むしろ装いにそれほどお金をかけられない一般のビジネスパーソンこそ、積極的に活用すべきかもしれません。

これで迷わない！　実践「カプセルワードローブ」

シャツ、ネクタイ、ジャケット、パンツ、チーフなどをセットにした状態を
写真に撮り、画像を貼ってみましょう。

	CASE 1	CASE 2
定番シグネチャースタイル		
ドレスアップスタイル		
ビジネスカジュアルスタイル		

私も多くのクライアントの自宅にお邪魔して、ワードローブの中身をチェックしてきました。多くの方の装いの可能性を広げ、印象を変えることができました。

スーツが3着しかなければ、その3着を着まわしながら、ネクタイやチーフなどでどうバリエーションを豊かにするかを考えます。グラデーションや用途も考慮して、シーンに応じたコーディネートを提案します。

高額なスーツより、1回2万円の「ワードローブの管理」

「**カプセルワードローブ**」といって、カプセルにはめ込むように、毎日着る服をあらかじめ決めるという手法もコーディネートを決める方法のひとつです。

ニューヨークのビジネスパーソンにとって、朝の時間はお金と同じくらい大切なものです。彼らはこうしたサービスを受けることで、**朝の服装選びに掛ける時間を劇的に短縮しているの**です。

「ショッピング・イン・ユア・クローゼット」のサービスは、1回数万円ほどです。装いに不安を覚えて、高額なスーツを購入するよりも、一度、プロのアドバイスを受けて、手元のアイテムを有効活用するほうが、費用対効果が高いかもしれません。

One Point Lesson

このサービスを「夫（もしくは父）にぜひ利用させたい」と思われた方は、誕生日や還暦祝いなどの機会にプレゼントしてはいかがでしょうか。ニューヨークでは、昇進祝いや転職祝いで「サービス（体験）」をギフトとして贈る習慣があります。

メガネ選びのコツ | Eyewear | 1

シーンでメガネも使い分ける

Point 印象の異なるメガネを複数用意する

日本は海外と比べて、メガネを掛けているビジネスパーソンの割合が多く、なかには、引き出しに何本もメガネを揃えていて、会う人やシーンに合わせて、1日に何度もメガネを掛け替える方もいます。

メガネはイメージ作りにうってつけのアイテムだけに、メガネ選びは大切です。

たとえば、IT業界やマスコミに勤めている方は、古くさいメガネを掛けているだけで、説得力や信用度がガクッと下がるでしょう。自分の業界や仕事に合ったメガネを掛けることを心掛けましょう。

まずは自分の顔が、丸型、スクエア型、三角型、面長型のどれに当てはまるかを、鏡を見て確認しましょう。

次に、顔型に合うフレームを選びます。フレーム選びのコツはとてもシンプルです。

1.自分の顔型を強調したいなら、顔型と同じスタイルのメガネを選ぶ

2. 顔型とバランスを取りたいなら、顔型と違うスタイルのメガネを選ぶ

この2つをまず覚えておきましょう。

1のパターンは、たとえば、落語家の笑福亭鶴瓶さんやスマイルズの遠山正道社長のようなイメージです。ふっくらした丸顔にやや曲線のあるメガネを掛けて、丸みがいっそう強調され、温かみや親しみ溢れる雰囲気が作られます。同じように、角張ったホームベースの顔の方が、シャープなスクエア型のメガネを掛けると、顎やエラがより強調されて、威厳や意志の強さを感じさせることができます。

2のパターンでは、見た目のインパクトが強すぎたり、威厳が強く出すぎるような人は、オーバルやカラーフレーム、黒縁などやや個性的なフレームを選ぶことで、印象をぐっとやわらげることができます。逆に、やさしくておとなしい印象から、威厳を強めたい場合は、細身のメタルフレームを選べば、エレガントでシャープなイメージに変わります。

One Point Lesson

ショッピングに気軽に行けない芸能人やトップ経営者のために、メガネコンシェルジュが何百種類ものメガネを持参して、その場でアドバイスしながらフィッティングするサービスもあります。

ファーストリテイリング
会長兼社長
柳井正
Tadashi Yanai

メガネ選びのコツ | Eyewear | 2

バランスで選ぶ「タイプ別チョイス」

Point **見せたい自分に合わせてメガネフレームを選ぶ**

次にメガネをバランスで選ぶ方法です。タイプ別で見てみましょう。

面長の方が細いメガネを掛けると、顔の長さが際立ちすぎて、違和感を感じるかもしれません。この場合は、ある程度、縦幅のあるものを選ぶべきですが、目安としては眉から顎先までの長さの3分の1以内に収まるフレームを試してみましょう。

童顔の方は、顔の長さも短くなるので、縦の幅を狭くすると童顔を補うことができます。

顔が小さくて悩んでいる方は、縁なしを選べば、顔に馴染み、自然な印象になります。

先日、三角眉なのに、メガネのフレームは直線で、しかもリムが太くて黒いので、眉毛が二重にあるように見えるという人を見掛けましたが、こういうタイプの方は、顔のラインと調和して共通の特徴を持つメガネを選ぶといいと思います。

日本人は比較的顔が薄い人が多いですが、あえてそれを強調する手段として、メガネを利用している人がいます。絶妙だと感心するのが、ファーストリテイリングの柳井正会長

星野リゾート代表
星野佳路
Yoshiharu Hoshino

兼社長です。

星野リゾートの星野佳路代表も同様で、個性的な太いフレームを選ぶことでクリエイティブ性を演出されています。

星野代表は、毎年、ご自身でテーマを決めてフレームを選ぶそうで、魅せるためのアイテムとして、メガネを重視していらっしゃいます。

ひとつ留意することとして、**世界的なトレンドをみれば、メガネを掛けない経営者が増えています。**とくにベンチャー系の会社が顕著で、アマゾンのジェフ・ベゾスCEOや、フェイスブックのマーク・ザッカーバーグCEO、アリババのジャック・マー会長も、視力の矯正にメガネを利用していません。

その理由は、メガネがあるとアイコンタクトの妨げになり、目力も弱まって、言葉に熱量が込めにくくなるからだといいます。メガネをやめた人たちのなかには、コンタクトレンズでなく、レーシックを利用する人も増えているようです。

One Point Lesson

自分に合うメガネはスーツと同様、何十本も試着してみないとわかりません。試す場合は、近距離、遠距離から見た印象も見比べましょう。

アマゾンCEO
ジェフ・ベゾス
Jeffrey Bezos

—小物使いテク— Accessories —

装いに敬意を添えるポケットチーフ

Point **自分が身に着ける洋服（小物）の色、素材、シルエットが他者へ与える印象を理解する**

シンプルなスーツを着るときに気を付けたいのが、小物の使い方です。スーツの胸ポケットはもともと、チーフを入れるためのもので、ペンを挿したり、名刺入れを忍ばせておく場所ではありません。

ポケットチーフは、女性が水などをこぼしてしまったときや、気分が悪くなったときなどに、サッと差し出すための紳士のツールです。

もちろん、胸ポケットに挿すだけでフォーマル感を高められるアイテムでもあります。つまり、恰好良く見せるための飾りではなく、実用的に使うことも意識し、装いに敬意を加えるためのものなのです。

ですから、ポケットへの挿し方は、三つ折りにしてきっちり入れるのではなく、クシャッと入れ込むのが正解です。折り方には、TVホールドやパフドなどのスタイルがありますので、覚えておきましょう。

チーフの素材は麻、色は白を選ぶのがベストです。何枚も必要はなく、1枚あればOKで、フォーマルなシーンから、カジュアルなパーティーまで使えます。

One Point Lesson

チーフの折り方はさまざまですが、もっとも一般的で好感が得られるのがTVホールドです。年齢、属性問わず、誰から見ても清潔感を感じる折り方として定番の折り方です。

装いに敬意を添える ポケットチーフ

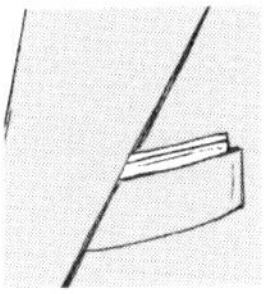

TVホールド
TV Hold

通常のビジネスからパーティーまであらゆるシーンで使える基本のスタイル

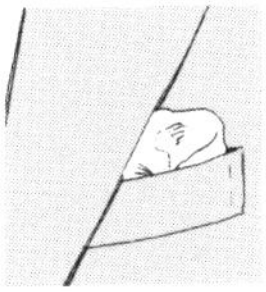

パフド
Puffed

ソフトで優美な印象を与えるため、華やかに見せたいシーンで

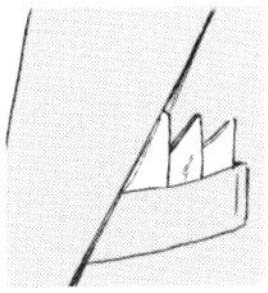

スリーピークス
Three Peaks

メリハリの効いたお洒落な印象に。謝罪のシーンなどではNG

さらにワンランクアップするための おすすめブックリスト

本章を読み、装いへの関心が高まった方に
おすすめの書籍をご紹介します。
個々の課題に合ったものから読み進め、
ステップアップをめざしてください。

（ 基本を マスターする ）

スーツの百科事典

出石尚三（著） 畑埜佐武郎（監修）／
万来舎 2010年

洒脱自在
——おとなとして
シックに服とつきあう本

遠山周平（著）／中央公論新社
2006年

男のお洒落道 虎の巻
The Wearing Bible for Gentlemen

青柳光則（著）／万来舎 2017年

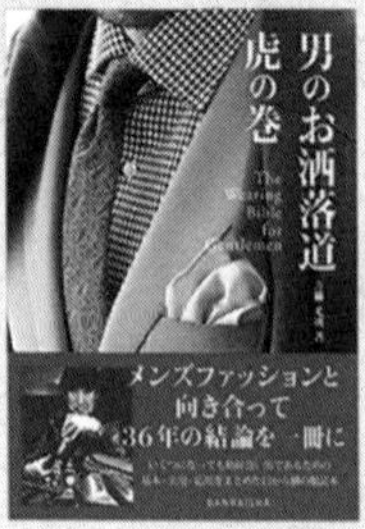

一流の審美眼に触れる

JAPANESE DANDY
ジャパニーズダンディー

河合正人（著）　大川直人（写真）／
万来舎　2015年

MR CLASSIC
YESTERDAY & TOMORROW
ミスター・クラシック イエスタデイ&トゥモロー

ジェレミー・ハケット（著、写真）
長谷川喜美（訳）／万来舎　2016年

男の粋を極める 装い歳時記

赤峰幸生（著）／朝日新聞出版　2014年

紳士靴を嗜む
はじめの一歩から極めるまで

飯野高広（著）／朝日新聞出版　2010年

本場の装いを知る

CLOTHES AND THE MAN:
The Principles of Fine Men's Dress

Alan Flusser（著）／Villard　1985年

DRESSING THE MAN:
MASTERING THE ART OF PERMANENT FASHION

Alan Flusser（著）／
HarperCollins　2002年

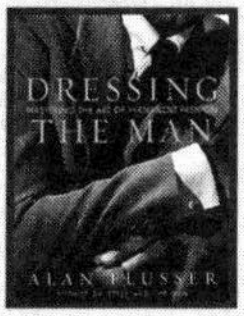

A Gentleman Gets Dressed Up
REVISED AND EXPANDED: KNOWING WHAT TO WEAR, HOW TO WEAR IT & WHEN TO WEAR IT

John Bridges, Bryan Curtis（著）／
Thomas Nelson　2012年

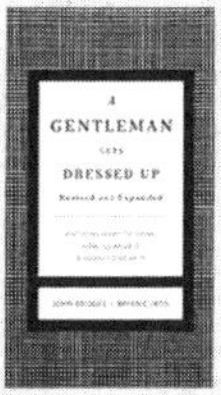

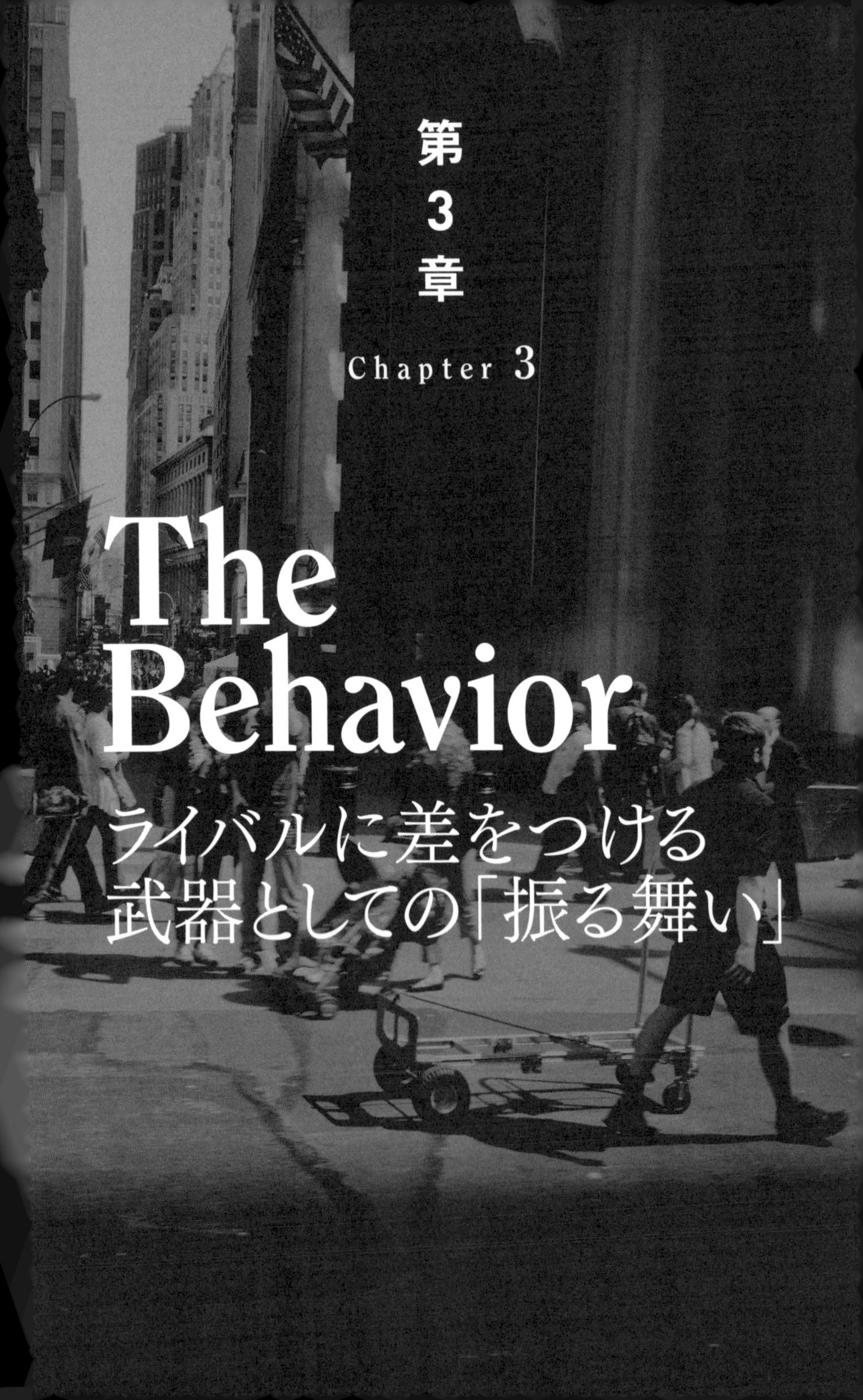

第3章

Chapter 3

The Behavior

ライバルに差をつける武器としての「振る舞い」

“Think like a man of action,
act like a man of thought.”

Henri-Louis Bergson

「行動力のある者のように考え、
思慮深い者のように行動せよ」

アンリ・ベルクソン（哲学者）

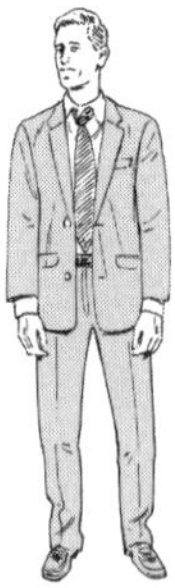

Step 1

Walking

☟

Facial Expression 1

☟

Facial Expression 2

☟

Facial Expression 3

☟

Facial Expression 4

☟

Self-Presentation 1

☟

Self-Presentation 2

Check List

セルフチェックで改善ポイントを把握する

以下、当てはまる項目にチェックして、改善ポイントを把握する

- ☑ 歩くときに、頭が肩よりも前に出ている
- ☑ 歩くときに地面を擦るような足音がする
- ☑ 猫背になりやすい
- ☑ 表情が左右非対称になりやすい
- ☑ 笑顔がぎこちない
- ☑ 緊張するとニタニタしてしまう
- ☑ 目上の人と話すとき、つい目をそらしてしまいがちだ
- ☑ 会話中、無意識に腕を組んだり、頬杖をついてしまう
- ☑ 初対面の人や異性とのアイコンタクトが苦手だ
- ☑ 口を開けたときにピチャピチャと音が聞こえる
- ☑ 無意識に鼻をすすってしまう
- ☑ 話すときや笑うときに、口を手で覆う仕草をよくする
- ☑ 正式な握手の仕方を知らない
- ☑ レディーファーストを徹底している

—歩き方—Walking—

イメージに合わせて自分の身体をコントロールする技術

Point **装いに合わせて歩き方を変える**

私たち日本人の装いは、すっかり洋装が一般的になりましたが、じつは**日本人の姿勢や歩き方は、いまだ和装のときのままであり、洋装に合うものとはなっていません。**

そう聞くと、「世代を通じて長年、培われてきた姿勢や歩き方は変わるはずがない」とご指摘を受けそうですが、私はそうは思っていません。

私たちの姿勢がいまだに和装向けのままなのは、私たちがそれを変える必要性も、変える方法も知らないからです。

洋装にはやはり、洋装向けの身体の使い方が合っています。日本人も洋装が一般化したいまは、身体の使い方も、洋装向けに変えたほうがいい、と私は考えています。

身体の使い方を変えるには、俳優や舞踊家のように、イメージに合わせて自分の身体をコントロールする技術を身に付けなくてはなりません。

しかし**日本では、こうした身体をコントロールする技術について学べる環境は整っていません。**活字化された資料も少ないと思います。

一方で、需要はあると感じます。信頼を勝ち取るためのプレゼン講座や、ボディランゲージ講座が人気なのも、その証拠のひとつです。こうした講座は、自分を魅力的に見せるための身体的コントロールを学ぶことが目的であり、ビジネスパーソンに限らず、教育関係者や医療関係者の方も多数受講しています。

自分を魅力的に見せる技術は、就職や転職の面接、プレゼンや商談といった仕事の場、プライベートでの友人関係や異性との関係にもすぐ応用できますから、ますます関心が広がっていくでしょう。

本章では、自分を魅力的に見せるための振る舞い、身体をコントロールする技術について、できるだけわかりやすくご紹介していきたいと思います。

洋服と和服では、「ふさわしい歩き方」が違う

海外のお客様から「**なぜ日本人は、あのような歩き方をするのか**」という質問をよく受けます。

国内で過ごしているとなかなか気づきませんが、洋服を身に着けていても、私たち日本

人の歩き方は、下駄や草履の時代と変わらないままで、欧米の方から見ると、奇異に映るようです。着物を着た外国人旅行者が、外股で足を前方に大きく蹴り上げながら歩く姿を見て、私たちが違和感を抱くのと同じような感覚だと思います。

その人が身に纏う服飾様式に合わせた、ふさわしい歩き方というものがあります。

洋服を着たときの美しい歩き方は、**体の軸が後方にあり、つま先がやや広がった姿勢での歩き方**です。

立ち姿も同様に、**後方に軸がありながら、身体の線がまっすぐになる立ち方が理想**です。

私は15年以上、ニューヨークのビジネス街を行き交う人びとを観察していますが、ハッと思わず目が引きつけられる美しい歩き方をする人には、次の5つの要素があると思います。

1. 身体の軸が後方にあり、背筋がまっすぐ伸びている
2. 膝裏がしっかりと伸びきっている
3. 腰から脚を動かしていて、歩幅が広い

存在感が引き立つ歩き方

4. かかとから着地して、つま先に重心が移る歩き方をしている
5. 頭の先から体幹がぶれず、手を前後にバランスよく振っている

この5つの要素を満たした、堂々として躍動感のある歩行スタイルは、洋服を着たときに、もっとも見栄えの良い歩き方です。欧米でもアジアでも、日本に住む外国人でも、美しい歩き方をする人はこのように歩いています。

和装のときにこの歩き方をすると、着崩れしやすく、違和感を抱くでしょう。和装にふさわしい歩き方の特徴は、次の5つの要素が挙げられます。

1. 身体の軸が前方にあり、首と頭が肩よりも前に突き出ている
2. 膝が曲がっている
3. 主に膝から脚を動かしていて、歩幅が狭い
4. 足裏を地面に擦るような足運びをする
5. 腕が後方よりも前方に、より大きく振れる

これは、日本舞踊や歌舞伎などの芸事に広く共通する歩き方です。

立ち姿も、西洋とは反対の特徴を持ち、**つま先を揃え、親指周辺に重心を置いて立つのが和装の自然な立ち姿**です。

私たち日本人は明治維新以降、徐々に洋装へと切り替わり、いまはほとんどの人が洋服を身に纏うようになりましたが、洋装向けの歩き方が身に付いている人は、いまだに、ほとんど見られません。したがって、洋服を着ているときに、洋装向けの歩き方をすれば、見た目に大きく差をつけることができるでしょう。

One Point Lesson

和装なら和式歩行、洋装なら洋式歩行というように、装いに合わせて、歩き方や姿勢、振る舞いを切り替えることができたら、ご自身のプレゼンス（存在感）を大きく高めることができます。

表情改善 | Facial Expression | 1

左右非対称はマイナスイメージに直結する

Point スマホのカメラ機能を使って自分の顔のバランスを知る

私たちは本能的に、左右対称な顔や身体を、健康や美しさのシグナルとして受け止め、歪みを、身体面や精神面でのネガティブなシグナルとして受け止める傾向があります。

しかし一見すべて整っているように見える人でも、顔の左右のバランスや頭の形、手や足の長さを細かく計測していくと、完璧な人などほとんど存在しないそうです。

ですから、ここでは、人間ならば誰しもが大なり小なりの歪みがあるということを前提に、できるだけ**シンメトリーに見せるためのコツ**をご紹介しましょう。

鏡やスマホのカメラ機能を使って、顔のどこにも力を入れない、自分の素の顔を、じっくりと観察してみましょう。この表情を、専門用語で「**中立表情**」と呼びます。

いかがでしょうか。一見、バランスのとれた顔立ちの方も、目の大きさや口角の高さなど、アンバランスな部分が見つかるはずです。それが「**歪み**」です。

たとえば、**片方の口角が上がる傾向のある人は、ネガティブな印象を与えてしまいます。**なぜならこの表情は、相手をさげすんでいたり、相手を騙していたりするときに表れる表情だからです。性格的に、自分と周りの人を比較する傾向の強い人は、中立表情の状態でも、口元に歪みが生じやすくなるようです。

もし口角がアンバランスだと感じたら、普段から、そうした心理的な癖を改善するよう意識してみましょう。

日常的な動作を意識することでも、歪みを改善できます。**右の口角が上がりやすい人は、左側で意識して噛むなど、**左口角の筋肉を意識的に使うようにしましょう。左側で毎日5分、ガムを噛むだけでも筋肉が強化され、歪みも矯正されていくでしょう。

One Point Lesson

奥歯をグッと噛むと、自分の顔の、左右どちらの筋肉が発達しているかがわかります。右側の歯で噛むことが多い人は右側の筋肉が、左側に偏っている人は左側の筋肉が、大きく隆起するでしょう。これもチェックして、どちらの筋肉もバランスよくなるように、噛む習慣を改善しましょう。

表情改善 | Facial Expression | 2

毎日3分の表情トレーニングが読解能力を高める

Point **場面に応じて表情を使い分ける**

ニューヨークのビジネスエリートは、コミュニケーション能力を高めるため「**ボディランゲージ**」のトレーニングをよく受けています。

ボディランゲージとは、その言葉どおり身体的な言語で、意識的なものと無意識のものがあります。

私たちは普段から、無意識でボディランゲージを受け取って、コミュニケーションをしていますが、その意味について思いめぐらせる機会は少ないと思います。

さまざまなボディランゲージの意味をきちんと理解することで、相手の発しているボディランゲージの意味が分かり、さらには相手の仕草や表情のどの部分を観察したらよいかもわかるので、**相手の考えや感情を読み解く能力が格段に上がる**わけです。

ボディランゲージに関する知識は、営業や商談、交渉、プレゼン、面接など、さまざまな場面で役立てることができます。

たとえば、あなたが面接官の立場になった場合、あなたに相手の表情や仕草が発信するシグナルを理解する能力があれば、応募者がどの程度自信を持っているのか、採用されるために話を偽っていないかなどを、応募者のボディランゲージから見極められるようになります。

逆に、あなたが面接を受ける立場になった場合は、面接官の表情や仕草から、面接官の感情を読み取りながら、ボディランゲージを駆使して、自分の伝えたいメッセージをより正確に伝えられるようになるでしょう。ボディランゲージの知識によって、会話の流れを戦略的に、より望ましい方向へと導いていくことができるのです。

また、ビジネスの交渉の場では駆け引きが必要であり、言葉として表れる情報は限られてきますが、相手の仕草や表情から、言葉では表さない相手の本音を、正確に読み取ることができれば、交渉を優位に進めることができるでしょう。

なぜフェイストレーニングが重要なのか

ボディランゲージのトレーニングは、まず「**フェイストレーニング**」から始めます。その理由は大きく3つあります。

- **対面コミュニケーションのなかで、表情は最も注目を浴びる場所だから**
- **表情を使って、自分の意図を、相手に正しくかつ効果的に伝えるため**
- **ネガティブな印象につながる表情をコントロール（抑制）するため**

表情の乏しい人は、魅力も乏しく、周囲に無関心という印象を与えます。誤解も生みやすいでしょう。また怒りや悲しみという感情を抑制できず、ダイレクトに伝えると、相手の気分を害してしまうことがあります。

コミュニケーションにおいては、こちらの意図が、言語、非言語の両方を通して、正確に相手に伝わることが何よりも大切です。

フェイストレーニングでは、**自分自身の表情筋を目一杯動かして、顔のどの筋肉が動けば、ネガティブあるいはポジティブな感情の表れになるかということを身体に覚えさせます。**

こうしたトレーニングを続ければ、こちらの意図を伝えるのにふさわしい表情を意識的につくることができるようになり、自分を演出する能力が高まっていきます。

嫌われないための最低条件
清潔感を色気に変えるメソッド
最上級のセルフメンテ
絶対に見られる基本のキ
格が上がるディテール・テク
ハイクラスが実践する習慣
イメージアップの大原則
印象を残す戦略的スキル
究極の自己演出

One Point Lesson

卓越した経営者やセールスパーソンは、人の表情を読み取る能力が高い傾向にあります。人の感情を読み取るには、人の表情やボディランゲージについて学ぶことが必須ですが、自分が作れない表情や筋肉の動きを読み取るのは困難です。まずは自分自身が、できるだけ多くの表情筋を動かせるように、フェイストレーニングから始めましょう。

表情改善 | Facial Expression | 3

世界共通の表情を操る

Point 喜怒哀楽の表情を自分で作ってみる

表情というボディランゲージをコントロールするためにも、世界共通の表情を理解しておきましょう。

まずは「**幸福の表情**」です。幸福の表情は、期待していたとおりの結果を得たときや問題が解決したとき、満足したとき、安心したときなどに表れる表情です。いわゆる「笑顔」ですね。

幸福の表情のポイントは2つで、「**両口角が同時に上がる**」と「**目尻にしわができる**」です。

幸福を感じると、まず口角が上に引き上がり、目の周りにある眼輪筋という筋肉が収縮することで、目尻にしわができます。

怒りの表情

1. 眉が下がる
2. 目が見開く
3. 下まぶたに力が入る目つき
4. 唇の周りに力が入る。歯が見える場合もある

軽蔑の表情

1. 片方の口角だけが上がる

幸福の表情

1. 目の周りの筋肉が収縮し目尻にカラスの足跡のようなしわができる
2. 目、唇の両端が上がる

次に「**軽蔑の表情**」です。相手をさげすんでいるときや自分が相手よりも優れていると思っているとき、相手を騙しているときなどに表れる表情です。

軽蔑の表情は、一見、笑顔と勘違いしがちですが、「左右のどちらか一方の口角だけが、引き上がり、歪んでいる」のが特徴です。

続いて「**嫌悪の表情**」です。生理的に不快な人に出会ったり、不快なものを見たり聞いたり嗅いだりしたとき、不快な情報に触れたときなどに表れる表情です。

嫌悪の表情のポイントは鼻口にフタをするように鼻が縮まることでできる「鼻の上のしわ」と、その動きに伴い、「ほうれい線の溝」が深くなることです。

次は「**怒りの表情**」です。理不尽な思いをしたときや目的や目標に対する障害を感じたときなどに表れる表情です。

怒りの表情のポイントは、「力の入った眉と唇」です。具体

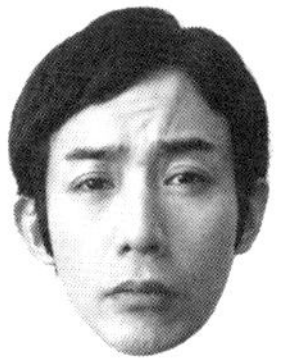

悲しみの表情

1. 眉の内側が上がる。同時に眉が中央に寄り、額に山状のしわが寄ることもある
2. 唇の両端が下がる
3. 下唇が上がる。顎にしわができる

恐怖の表情

1. 両眉が上がり、眉が中央に寄る
2. 目が見開く
3. 下まぶたに力が入る
4. 唇が水平にひきつる

驚きの表情

1. 眉の内側が上がる。同時に眉が中央に寄り、額に山状のしわが寄ることもある
2. 唇の両端が下がる
3. 下唇が上がる。顎にしわができる

的には、まずは眉が中央に寄って、目が見開き、まぶたに力が入ります。また多くの場合、同時に唇に上下から力が入ります。これが怒りを感じたときに人が見せる表情のポイントです。

この表情が長い時間保たれている場合は、「怒り」ではなく「熟考」の可能性が高まります。

続いて「**悲しみの表情**」です。大切な機会や人・モノを失ってしまったとき、期待はずれ、申し訳なさなどを感じているときに表れる表情です。

悲しみの表情の大きなポイントは、「ハの字眉毛」です。眉の中央部分だけが引き上がりますが、感情が伴っていないとなかなかできない表情です。悲しみの表情のポイントであるハの字眉毛は、演技ではなかなか作ることができないので、本物の感情かどうかを見極めるためのポイントになります。

また「眉の内側が上がり、ハの字になる」と同時に「両口角が下がる」といった特徴もあります。

さらに「**恐怖の表情**」です。大きな不安を抱えている、プレッシャーを感じている、隠しごとをしている、都合が悪いときなどに表れる表情です。

恐怖の表情のポイントは、「額のこわばり」「下まぶたの緊張」そして「見開いた目」です。

恐怖を感じたときは、目が見開くと同時に口も開いて、顔全体に力が入ります。両眉が上がった状態になり、同時に中央に寄ります。そして見開いた目の下まぶたに力が入り、歯をぐっと横にくいしばります。これが恐怖の表情の特徴です。

最後に「**驚きの表情**」です。初めての経験のとき、予想しないことが起きたときなどに表れる表情です。

驚きの表情は恐怖の表情と似ています。両眉が上がり、額全体に水平のしわができます。驚きの大きさに比例して顔の動きも大きくなります。そして目が見開き、口も開きます。驚きの表情と比べて、恐怖の表情は顔の全体に力が入るのが特徴です。

こうした表情を意識して作ることによって、顔の筋肉の動きを意識できるようになり、さらには、表情筋を意識的に動かして、自分の表情を自在にコントロールできるようになれば、相手の表情もより読み取れるようになるのです。

One Point Lesson

ポジティブな感情を伝える表情だけでなく、ネガティブな感情の表情も作れるよう、バランスよくトレーニングしましょう。

—表情改善—Facial Expression—4

本物の笑顔を見分けられるようになる

Point 作られた笑顔になっていないか注意する

下の2枚の写真を見てください。どちらが本当の笑顔だと思いますか?

正解はBです。

Bの表情は、期待通りの結果を得たときや問題が解決したとき、満足したとき、安心したときなどに人が見せる表情です。

一方、Aは、自分を愛想よく見せたいときや、その場を穏便に切り抜けたいとき、自分の不快な感情を相手に悟られたくないときなどに表れる、「**作られた『幸福』の表情**」です。

似通った2つの表情はどうやって見極めることができるでしょうか。

ポイントは4つあります。

1. 口角だけが上がっていて、目尻にまったく変化がない

2. 口角の上がり方が左右非対称

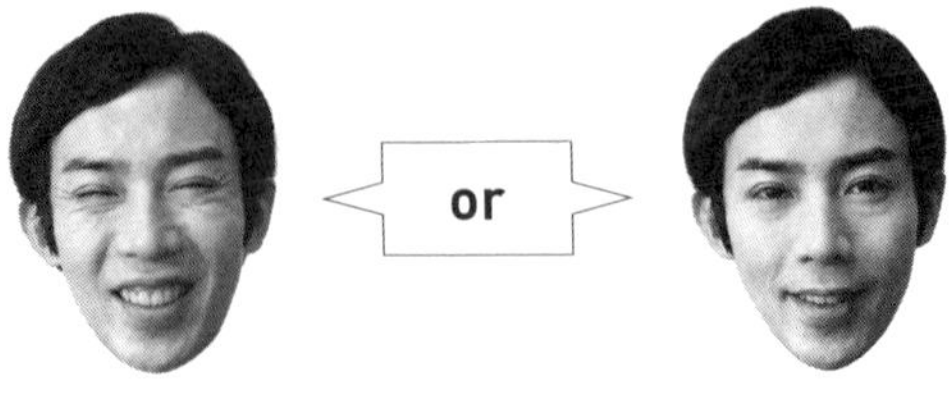

B　A

3. 口角が上がるタイミングと、目尻が下がるタイミングにズレがある

4. 一瞬で消えるような笑顔

これらはすべて、作られた幸福の表情の特徴です。4について補足すれば、スッと消えてしまうのが作られた笑顔で、じわじわと消えていくのが本物の笑顔です。

One Point Lesson

商談の場で、相手の眼輪筋と口角が同時に動いたら、それは本当に喜んでいる表情です。しかし、両者が同時に動いていない場合は、その場しのぎの笑顔の可能性が非常に高いでしょう。もしこの表情で、「持ち帰って上司に相談します」と答えたら、成約の可能性は極めて低いと思っていいでしょう。

自己演出 | Self-Presentation | 1

相手に合わせて適切な姿勢や身振り手振りをマスター

Point 商談中、相手をオープンな動作に誘導する

表情もボディランゲージのひとつですが、私たちは普段、表情を含め、70万種類以上のボディランゲージを使って、コミュニケーションを取っています。それらを特徴によって大きく分類すると、相手から好意的に見られる「**オープンな動作**」と、ネガティブに捉えられる「**クローズドな動作**」の2つに分けられます。

オープンな動作とは、顔や胸など、攻撃されたくない「急所」を開くアクションのことで、相手に心を開いていたり、自信に満ちあふれていたり、リラックスしていたりする状態を示します。オープンな動作をしている人には、私たちは警戒心を抱きづらくなります。

一方、胸の前で腕を組む、手で顔を覆う、ネックレスを触るなど、「急所」を隠す行為は、クローズドな動作として、相手を拒否するといったネガティブなシグナルを送ることになります。寒さから腕をさすったり、疲れたから足を組むといった行為も、意図に反して、相手には「拒絶」の意味で解釈される場合があるので、注意しましょう。

クローズドな相手の心理をオープンにする方法

あなたが人前で話をしたり、プレゼンテーションをする場合などには、オープンとクローズドの動作の違いを意識して、振る舞いましょう。

また交渉や商談の際に、相手がクローズドな動作を見せている場合は、相手の心は閉ざされて、交渉がうまくいっていない証拠です。いくらこちらが商品のメリットなどの話をしても、相手の心には届かないでしょう。

こういう場合は、自分の振る舞いや話し方も重要ですが、より大切なのは、表情や仕草から相手の関心を読み取ったり、相手に働きかけて、**動作をクローズドからオープンへと切り替えていく**ことです。相手の仕草がオープンな動作になれば、心が開き、こちらに関心を寄せるようになります。

ではどうすれば、相手をクローズドな動作の状態からオープンな動作に切り替えることができるのでしょうか。

すぐにできる簡単なテクニックは、たとえば手を閉じているというクローズドな動作の

場合、**相手に資料を渡して何かを書き込んでもらったり、コーヒーを渡して飲んでもらったりすれば、手が開かれて、オープンな動作に切り替わります。**

このように、身体的な動作を伴う働きかけをすることで、相手の振る舞いを変えれば、相手の心理も、クローズドからオープンに変えていくことができるのです。

One Point Lesson

商談やデートでやりがちなのが、ペンやファイルを持ちながら話したり、隣に座る相手との間に鞄を置いたりする行為です。これらはクローズドな動作であり、相手に心理的な距離感を抱かせてしまいます。

One Point Lesson

自分の癖は、客観的な指摘を受けないと気が付かないものです。試しに自分がスピーチをしている姿を動画で撮影して見てみましょう。無意識のうちに行なっている自分の意外な癖に気付けるかもしれません。

column

余計な仕草を見せなかったオバマ前大統領

人間は、想定内の仕草は記憶に留めませんが、想定外の仕草は、「**雑音**」として記憶に留める傾向があります。ニューヨークのビジネスパーソンは、コミュニケーションのなかで、無意識にマイナスのサインを出すことのないよう、余計な仕草をできるだけ排除する訓練を行ないます。その意味で出色だったのが**オバマ前米大統領**。彼は在任中の演説では、余計な動きをいっさい見せませんでした。トレーニングの賜物といえるでしょう。

Step 2

Smile

☟

Eye Contact 1

☟

Eye Contact 2

☟

Eye Contact 3

☟

Mirroring

☟

Handshake

☟

Presentation

—笑顔のつくり方—Smile—

口輪筋を鍛えて顔のエイジングを防ぐ

Point 日本人があまり使わない顔下半分の筋トレを習慣化する

日本人は、身体の筋肉は鍛えても、「**顔の筋トレ**」を意識してやっている人は少ないでしょう。

象徴的な例が、ボディビルダーです。海外のボディビル選手は身体だけでなく、顔の筋肉まで引き締まっていますが、日本人のなかには、顔の筋肉が衰えている人がよく見られます。顔の筋肉が作る表情は、印象を大きく左右しますから、いつも残念に思います。

万人にいい印象を与える素敵な笑顔は、トレーニング次第でいくらでも作ることができます。目が笑っていないといわれるといった笑顔が下手な人は、目の周りの「**眼輪筋**」と口の周りの「**口輪筋**」の2つの筋肉が鍛えられていないのです。

素敵な笑顔を作るために、この2つの筋肉を意識して鍛えましょう。

眼輪筋に関しては、別項（P225～）で詳しく述べるとして、ここでは、口輪筋の鍛え方についてご説明します。

顎動かしエクササイズ

こめかみを押さえて固定したまま、「アオ、アオ…」と声に出しながら、左右対称を意識して、顎を動かしましょう。顎をしっかりと動かすことで、**筋肉の凝りを取ることができます。**

舌回しエクササイズ

口の中で舌を回転させましょう。右下の歯茎に舌をつけてスタートして、左下、左上、右上ときて右下のスタートに戻るイメージで、口の中を毎日20～30周くらいさせましょう。このトレーニングは**滑舌が良くなり、小顔効果も期待できる**ので、アナウンサーや若手の政治家も実践しています。

空気含み

片頬にピンポン球くらいの空気を含ませ、左右に移動させます。これも毎日、20往復ずつ行ないましょう。**笑筋《しょうきん》という筋肉が鍛えられ、顔の血行もとても良くなります。**

One Point Lesson

口輪筋が弱いと、目の下が垂れ下がり、頬も落ちてきます。疲れて見えたり人相が悪く見えてしまうこともあるので、口輪筋は積極的に強化しましょう。

嫌われないための最低条件
清潔感を色気に変えるメソッド
最上級のセルフメンテ
絶対に見られる基本のキ
格が上がるディテール・テク
ハイクラスが実践する習慣
イメージアップの大原則
印象を残す戦略的スキル
究極の自己演出

目力強化 — Eye Contact — 1

情熱的なアイコンタクトは、「見る」より「観察する」

Point　与えたい印象に合わせて自由自在にアイコンタクトを使い分ける

ニューヨーカーは、日常会話から商談まで、自然にアイコンタクトを用います。

しかしアイコンタクトについて、彼らは特別な訓練を受けているわけではなく、家庭で教えられた方法を実践しているにすぎないと言います。

その方法が、「**相手の目の特徴を3つ見つける**」というものです。いわば、相手の目を見るのではなく、観察する。

どうしているかというと、「眼球の外輪がはっきりしているな」「白目の部分が、黄みがかっている」「まつ毛が長い人だ」といった特徴を見つけ出します。

すると、自然に「目を見なければいけない」というプレッシャーから解放され、ただし、情熱的なアイコンタクトを保つことができるのです。

ニューヨーカーの男性が日常的に、女性の瞳を褒める習慣があるのは、こうした幼少期のトレーニングが影響しているのかもしれません。

会話の半分の時間は相手を見つめる

日本と欧米では、アイコンタクトの習慣が大きく違います。欧米は、言うまでもなくアイコンタクト文化です。欧米人にとって、会話中の4分の3以上アイコンタクトをしていないと、「見ている」とはいえません。

一方、日本人は、アイコンタクトをしても、2、3秒でまばたきをしたり、目をそらしたりしてしまいます。

海外経験のある日本人がアイコンタクトに強くなるのは、場数を踏んで鍛えられたからです。それほど日本と欧米では、アイコンタクトの使い方に差があるのです。

では、日本人は、どんなことを意識してアイコンタクトをするべきでしょうか。

目安としては、会話の半分の時間は、相手の目を見つめるように努力しましょう。**1分間の会話だとトータルで30秒目が合っていれば、十分にアイコンタクトしていることが、相手に伝わる**でしょう。

アイコンタクトに苦手意識をもっている方は、「目を見よう」と思っていないでしょうか。これだと余計に緊張して、目が泳いでしまい、逆に失礼です。そんなときはニューヨーカーにならって、「相手の目の特徴を3つ見つけよう」作戦です。ぜひ試してみてください。

One Point Lesson

アイコンタクトが苦手な人は、目力が弱い傾向があります。たとえ弱々しい目でアイコンタクトをされても、相手にプラスの印象は残りません。目力とアイコンタクトはセットで考えること。

アイコンタクトが苦手な人、目力をもっと強くしたいと思っている人は、次項の眼輪筋のトレーニングを参考にしながら、眼輪筋をしっかり鍛えて、力強いアイコンタクトができるようにしましょう。

目力強化 | Eye Contact | 2

勝負を分ける！商談3分前にできる目力トレーニング

Point　4つの基本トレーニングを毎日実践する

年齢を重ねるとまぶたが落ちやすくなるのは、眼輪筋が衰えてきている証拠です。眼輪筋が衰えると、目力も弱まってきます。ビジネスの現場では、相手へのプレゼンスを高め、影響力を行使するためにも、目力は必要不可欠です。

そこで、**「目力を高める3分間トレーニング」**をご紹介します。大事な商談やプレゼンを控えている方にうってつけです。

1. グーパートレーニング

これ以上は目をつぶれないというくらい、上下から力を入れて目を閉じましょう。5秒経ったら、パッと目を見開きます。これを15～20回連続して行ないます。上まぶたの血行がよくなり、自然と目を大きく見開くことができるようになります。

2. 左右に動かす

次に、目を横に動かす筋肉を鍛えましょう。顔は正面を向いたまま、眼球だけを動かして、視線を180度左右に動かしましょう。これも、15〜20回繰り返せば、目の周辺の筋肉が鍛えられ目の可動域が横に広がっていくでしょう。

3. ∞の字回し

顔は固定したまま、目だけを、できるだけ大きい「∞の字」を描くように動かしましょう。目の前で、手を大きく∞の字に動かして、目で追うようにすると、動かしやすくなります。

4. 眉毛上げ

目を閉じたまま、眉だけをもち上げるトレーニングです。まぶたの筋肉が鍛えられ、初対面でも、相手に力強さを印象付けることができるようになるでしょう。

この4つのトレーニングを基本サーキットとして、毎日、取り組んでください。時間があるときは、1日3セット。商談直前にも1分間、1セットをすれば、効果がみられるでしょう。

One Point Lesson

写真撮影の前は、蒸したタオルを用意して、目を包み込むように載せれば、血行がよくなって、写真映りが見違えるほどよくなります。

column

27キロもの負荷が！「スマホの見過ぎ」にご用心

世代を問わず、多くの人が気をつけるべきなのが、**スマートフォンの見過ぎと見るときの姿勢**です。
顎を引き、斜め下に視線を落として、スマホを長時間見ていると、表情筋がゆるみ、二重顎の原因になるだけでなく、猫背になり、目の疲労にもつながります。ニューヨークの脊椎専門クリニックの外科医であるケネス・ハンスラージ氏によると、成人の頭は4〜6キロもあり、60度傾けば、小学3年生の体重（約27キロ）もの力が負荷として首にかかっているといいます（*）。
解決策は簡単です。**スマホを見るときは、スマホを自分の顔と同じ高さまで持ち上げればいい**のです。このほうが見た目もクールですし、姿勢もよくなります。

*Assessment of stresses in the cervical spine caused by posture and position of the head.(Surgical Technology International, 2014)

目力強化 | Eye Contact | 3

戦略的なアイコンタクトでプレゼンを乗り越えよう

Point 状況によって3つのアイコンタクトを使い分ける

ここではアイコンタクトを、より戦略的視点で使い分ける方法をご紹介しましょう。名付けて「**戦略的アイコンタクト**」です。大勢の人の前でのプレゼンテーションや、大事な商談といったビジネスシーンで応用できるスキルなので、ぜひ身に付けてください。

アイコンタクトは、見るゾーンによって大きく3つに分けられます。

1．ビジネス・アイコンタクト

見る場所は、相手の目と額を結ぶ三角ゾーン。目線が上がることで、相手に自信と誇りに満ち溢れた印象を与えます。発言もシャープに受け取

目的に合ったアイコンタクト法

ビジネス・アイコンタクト
Business Eye Contact

- 鋭い目つきになる
- 説得、交渉時に効果的
- 自分の優位性を示したい時にも有効

られるでしょう。より長い時間、アイコンタクトをすると、圧迫感が強まります。絶対に引き下がれない交渉や、プレゼンの決め台詞を言うときに効果的です。

年齢より若く見られる人や小柄な人も、ビジネス・アイコンタクトを多く使ってみましょう。力強さが伝わり、弱さや未熟さをカバーすることができるでしょう。

2. ソーシャル・アイコンタクト

汎用性が高く、立場や状況を選ばずに使えるアイコンタクトです。視線の先は、相手の両目と口元を結ぶライン。ここにフォーカスがあたると、相手は緊張感を抱かずに、リラックスして会話ができますし、視線が外れていることにも気付きにくいでしょう。

3. インタミット・アイコンタクト

初対面の人との会話、自分より下の立場の取引相手との交渉、職場の部下に厳しいことを話すときなどに効果的なのがインタミット・アイコンタクトです。視線の先は、相手の喉元周辺のゾーンです。このゾーンを見ると、自然と目線が下がり、相手には優しそうな表情に映ります。強

ソーシャル・アイコンタクト
Social Eye Contact

・穏やかな目つきになる
・相手の年齢、性別にかかわらずに誰でも使える一般的なアイコンタクト

インタミット・アイコンタクト
Intimate Eye Contact

・ソフトな目つきになる
・相手の警戒心をほぐしたいときに効果的
・異性に対しては注意

めの発言もやわらかな印象で相手に届くでしょう。相手も警戒心を解き、本音を引き出しやすくなります。

One Point Lesson

インタミット・アイコンタクトで商談をスタートし、勝負どころは、ビジネス・アイコンタクト、そして別れ際にはソーシャル・アイコンタクトというように、シーンやタイミングで、アイコンタクトを使い分けてみましょう。

—好印象—Mirroring—

ミラーリングで相手に強い印象を残す

Point 相手に悟られない自然なミラーリングの技術をマスターする

相手が笑ったらこちらも笑う。相手が手を組んだら、自分も真似る。これは「**ミラーリング**」といって、相手とのあいだに共感を生み出すテクニックです。

ミラーリングで大事になるのは、「時間差」です。相手がした行為を、すぐさまこちらも真似したら、不自然な印象を与えてしまいます。基本的には、**相手がアクションをしてから3、4秒空けてから、ミラーリングをしましょう**。

たとえば、目の前に座っている人がコーヒーを飲んだら、3秒数えて自分もコーヒーを飲むという具合です。すると違和感なく、ごく自然な感じでミラーリングが成功します。

目に見えないミラーリングもある

目に見える行為を真似することだけがミラーリングではありません。

バーで相手が頼んだものと同じカクテルを自分も注文するのもミラーリングです。相手からすれば、自分の価値観を支持され、信頼感も伝わって、嬉しい気持ちになるでしょう。

この場合は、**相手が注文してから5秒ほど間を置いて、オーダーすると自然に見えます。**

とにかくミラーリングは時間差をつけることがポイントです。ちょうどいい間を置かないと不自然となり効果がなくなるので注意しましょう。

One Point Lesson

ミラーリングでもうひとつ重要なのが、ネガティブなアクションは真似しないことです。たとえば、相手が鼻をさすったら自分もさする、相手がクローズドな姿勢をとったらこちらも真似するといった「ネガティブメッセージ」のミラーリングは逆効果で、相手を怒らせてしまいます。

たかが握手、されど握手

―握手の訓練―Handshake―

Point　国際標準の握手をマスターする

「日本人の握手はどうしてぎこちないのか？」

海外の友人からそう尋ねられて、答えに窮したことがあります。

握手は世界共通の挨拶です。にもかかわらず、日本人は握手をする機会が少ないせいか、苦手意識を持つ人が多いようです。

商談では、まともに握手できない人は、場数を踏んでいないように見られたり、常識や教養に欠けると見なされたりします。ぜひ、国際標準の握手をマスターしてください。

相手の目をしっかり見つめながら、2、3度、垂直に腕を振る

これが握手の基本です。ほかにも、気を付けたいポイントがいくつかあります。

・握手は上位者から

２０１８年６月に行なわれた米朝首脳会談において、トランプ米大統領と北朝鮮の金正恩朝鮮労働党委員長が会談した際、トランプ大統領が、われ先にと手を差し出したのが印象的でした。**相手に先に触れるのは上位者**。これは暗黙のルールです。握手はパワーゲームの一環であり、より多く、長く相手に触れるのは、権力の象徴なのです。

当然、立場が下の者から、握手のため先に手を差し出すのは失礼にあたります。

・手を差し込む瞬間だけ力を入れる

日本人がやりがちなのが、浅い握手です。指先を中心に握る浅い握手は、「あなたの手は汚いから、握りたくない」というメッセージを伝えることになります。当然、相手に失礼な印象を与えます。

理想は、親指と人差し指の付け根まで、手をしっかり差し込んでから、軽く握る握手です。力を入れていいのは、手を差し込む瞬間だけで、**手を差し込むまでは、相手の手を握ってはいけない**、と覚えておきましょう。

2018年6月に行なわれた米朝首脳会談にて握手を交わすトランプ米大統領と北朝鮮の金正恩朝鮮労働党委員長

・すぐ手を離さない

日本人は一瞬で握手を終える傾向がありますが、これでは、相手の印象に残りません。握手を交わしたら相手の手をすぐには離さず、軽く会話をしましょう。初対面であれば、「**はじめまして、○○さん」と相手の名前を言ったり、「お会いできるのをすごく楽しみにして来ました」「お噂はかねがねうかがっています」**などと、ひと言、**加えてみましょう。**

・両手で相手の手を包み込まない

相手が差し出した手を、両手で包み込む握手は「ポリティシャンズ・ハンドシェイク」といって、媚びを売ったり、迎合したり、自分を印象付けたりするときのアクションです。親しみや愛情などを伝えるために、両手で握る握手をする人もいますが、初対面の人に対する両手の握手は、相手からしてこない限り、気をつけたいものです。

また、握手のときに余計な場所に触れてもいけません。２００９年に、当時、アメリカのファーストレディーだったミシェル・オバマ前大統領夫人が、エリザベス英女王と面会したときに、女王の背中に腕を回すという、王室では無礼とされる行動をして、顰蹙《ひんしゅく》を買いました。

自分が下位の立場なら、相手が触れるまでは自分からは触れないというのがルールです。

嫌われないための最低条件
清潔感を色気に変えるメソッド
最上級のセルフメンテ
絶対に見られる基本のキ
格が上がるディテール・テク
ハイクラスが実践する習慣
イメージアップの大原則
印象を残す戦略的スキル
究極の自己演出

column

2人でできる超簡単！握手トレーニング

握手は、私たちイメージコンサルタントがもっとも重視するトレーニングのひとつです。その理由は、握手は、身だしなみや装いより先に、第一印象を決定づけてしまう大きな要素だからです。**握手は、トレーニング次第では、30分もあれば、誰でも見違えるほど上達します**。ここでは2人1組で行なう基礎的なトレーニングを紹介します。

向かい合ったエントランスから入ってきた2人が、お互いアイコンタクトを保ちつつ、ベストなタイミングで握手を交わす。これを何回も繰り返しましょう。簡単そうですが、自分の手を見ずに、相手との距離感を掴むのは、思いのほか難しく、みなさん苦戦されます。
それでも次第に慣れてくると、ベストなタイミングで足を止め、手を伸ばしてスムーズに握手を交わせるようになります。ぜひ、練習してみてください。

One Point Lesson

握手中は、アイコンタクトを外してはいけません。相手が視界に入った瞬間から、目はずっと逸らさずに、握手をするのがポイントです。

―プレゼンスキル―Presentation―

自分のスタイルを意識すれば怖くない

Point　海外の有名なスピーチを日本語で音読する

スピーチの上達のために、著名なスピーチを日本語で音読してみましょう。

歴史に残る演説の文章は、プロのスピーチライターの手掛けた洗練された名文ばかりです。希望に満ちた前向きなメッセージを発してみると、気分も高揚しますから、プレゼンに必要な感情を込めたスピーチのいい練習になるでしょう。

有名な演説文は、ネットでいくつも見つかりますが、私がとくにおすすめしたいのが以下の演説です。

・ケネディ米大統領　就任演説［1961年1月20日］

「国家が諸君のために何ができるかを問わないで欲しい――諸君が国家のために何ができるのかを問うて欲しい」と、国民に自発的行動を呼びかけた演説はあまりにも有名。当時43歳の若さから出る情熱と勢いが伝わる名演説です。

演説するジョン・F・ケネディ大統領

・キング牧師「I Have a Dream」演説［1963年8月28日］
マーティン・ルーサー・キング・ジュニア（Martin Luther King, Jr.）は、ワシントンD.C.のリンカーン記念堂へ向かうワシントン大行進で、“I Have a Dream（私には夢がある）”で知られる演説を行ない、人種差別の撤廃と人種間の協和を訴えました。

・オバマ米大統領　就任演説［2009年1月20日］
第44代アメリカ合衆国大統領に就任したバラク・オバマ氏が、約18分間の就任演説で、「いま私たちに求められているのは、新しい責任の時代だ」と呼びかけました。

これらの演説を自分でスピーチして、その姿を、スマホで撮影し、チェックしてみましょう。

ポイントは、毎回、ボディランゲージを変えてみることです。これをすることで、どのアクションがいまの自分のイメージに合っているかが分かりますから、プレゼンだけでなく、商談やセミナーなどあらゆるシーンに応用できるでしょう。

One Point Lesson

日本人よりも海外の演説を参考にする理由は、日本人に比べて演者のアクションが大胆でメッセージが明確だからです。両者の演説を見比べれば一目瞭然でしょう。

Step 3

Leadership Strategy

Impression Management 1

Impression Management 2

Voice

Mental Care

—リーダーシップ戦略— Leadership Strategy —

有能なだけでは人はついてこない

Point 親しみ、有能さ、どちらも意識して自分を見せる

部下を多く抱える立場になった人から、多く寄せられる相談が、「どうしたら、周りから慕われるか」というものです。責任ある立場となり、社内外で存在感を出していくことを求められる40代、50代に共通の悩みだと思います。

ビジネスシーンで出会う人を、私たちが見極める尺度は、以下の2つでしょう。

- **有能・自信がある**
- **人間としての温かみ・親しみやすさ・誠実さ**

有能な人には、仕事を任せられる。親しみのある人は信頼できる。理想は、有能さと親しみの両タイプを使い分けることです。有能さと親しみ、カリスマ性とオーラ、両者を使い分け、自分を演出することが、リーダーには求められます。

それを可能にするのがボディランゲージを駆使した、読み取る能力なのです。

前者の魅せ方はP244、後者の魅せ方はP246で説明します。

One Point Lesson

販売員や営業など、人と毎日会うような仕事をしている方なら「親しみ」を重視し、正確さ、真面目さが求められる銀行員や証券マンなら「有能さ」を重視する。有能さと親しみの両方を使い分けるのはもちろんですが、立場や職業によって、その比重は変わってくるでしょう。

魅せる技術 | Impression Management | 1

自信を感じさせるボディランゲージ

Point **自信と説得力が強まる8つのボディランゲージを意識しながらプレゼンする**

世界的なリーダーは、自信に溢れ、言葉に説得力があり、精神的に強く安定していることが求められます。さらにはその特質を、装いやボディランゲージで示すことが必要です。

ここではまず、**自信と説得力が強まるボディランゲージ**についてご説明します。

ポイントは、次の８つです。

1. まっすぐな姿勢
2. 安定した頭、胴体、足元
3. 胸を軽く前に突き出した姿勢
4. 指先にまで力が入ったジェスチャー
5. 重みを感じさせる動き
6. 身体の横幅を超える動き
7. 強いアイコンタクト
8. メリハリのある表情

両足をしっかりと地面につけて、左右対称でまっすぐに立つと、安定感がでるので、堂々

と頼り甲斐のある印象に見えます。何かを伝えたいときに効果的なボディランゲージです。
また、身体をねじらせたり、左右が非対称だったり、足の軸がぐらぐらと不安定だったりすると、肉体的にだけでなく、精神的にも不安定で頼りない印象となります。両足の位置を頻繁に変えたり、身体を揺すって話をする癖のある人は、説得力は望めないでしょう。
顎をあげる、胸を張るなどのボディランゲージは、自信に満ちた印象を醸し出すことができます。

こうした行為は、自分の身体の枠を超え、パーソナルスペースを広げようという動きであり、自分の持つ力に自信を持っている人の典型的な行為です。力の強いものが広いスペースを支配する動物と共通するものがあります。

さらに、腕から指先にかけて、重みをもたせたボディランゲージは、自分の発言に重みをもたせることができます。**相手を説得したいときや優位な立場に立ちたいときは、腕に重りをつけているように、指先や腕に力を込めましょう。**力強いアイコンタクトで相手を見つめるとさらに効果的です。

One Point Lesson

人の話を聞いているときに、頻繁に頷く人は、相手に迎合しているように見られます。むやみに自分の権威レベルを落とさないためにも、頷きが多い傾向のある人は、頭を固定し、意識して頷く回数を減らすようにしましょう。

—魅せる技術—Impression Management—2

距離感を縮めるボディランゲージ

Point 相手の警戒心を解く8つのボディランゲージを意識して相手と会話する

ここでは、**相手の警戒心を解き、親しみを感じさせるボディランゲージ**についてご説明します。ポイントは8つです。

1. 前傾姿勢
2. 頭をやや横に傾ける
3. 穏やかな笑顔
4. バリエーション豊かな表情
5. 胸元から手を差し出すジェスチャー
6. 脱力した曲線的な動き
7. 穏やかなアイコンタクト
8. 自然なミラーリング

私たちには、自分が興味を持っているものや自分の好きな人へ、身体を向けたり、近づく姿勢をとったりする傾向があります。ですから、自分の身体の正面を、相手にまっすぐ向けると、相手に興味や好意をもっていることを、自然な形で示すことができます。

前傾姿勢も同様で、相手への興味や関心を分かりやすく伝えることができます。頭を傾ける仕草は、無防備な首や喉を露出させることで、威圧感を減らします。

表情の豊かさは、自分の感情をそのまま見せることで、相手に安心感を抱かせることができます。自分の胸に手を当てる仕草は、温かみを感じさせる仕草で、自分が味方であることを印象づけ、親密な雰囲気作りに役立つでしょう。

ミラーリングは、相手の表情や仕草、姿勢などを意識的に真似する行為で、相手に信頼感や心地よさを伝えることができます（P231〜参照）。ただし、露骨なミラーリングは不自然に映りますので、相手の行為から少し間を置いて、さりげなく行なうようにしましょう。

One Point Lesson

立場や状況に合わせて、P244〜とP246〜で紹介したボディランゲージを使い分けるようにしましょう。

良い声｜Voice

200％のリターンが期待できるボイストレーニング

Point 声質を磨いて「バリトンボイス」を手に入れる

声の質を上げげると、印象をガラッと変えることができるため、ボイストレーニングは、世界各国のビジネスパーソンが通う人気のトレーニングになっています。

声の質やトーンやスピード、話の間はノンバーバルコミュニケーションのひとつであり、その人の印象形成に大きく作用します。装いや振る舞いをバッチリ身に付けた人の総仕上げとして、声を鍛えるのは、きわめて投資効果が高いといえるでしょう。

磨くほど研ぎ澄まされる刀のように、声質は継続してトレーニングを積むことでより美しくなります。私の知人に、10年以上ボイストレーニングに通っている方がいますが、彼の声は、俳優の阿部寛さんのような**バリトンボイス**で、思わず聞き入ってしまうほどです。

話すことが苦手な人は、その欠点をカバーするためにも、「**ボイストレーニング**」で声質を磨いてみてはいかがでしょうか。声がよくなれば、自分の話し方にも自信を持つことができるかもしれません。

また声は、パワーを印象づけることもできます。バリトンボイスで話すコメンテーターが、テレビでは大きく見えたのに、実際に会うと意外に小柄だったという話を聞いたことがあります。それは、声がパワーを感じさせるから、そう錯覚してしまうのです。

欧米人に比べて小柄な日本人が存在感を示すには、ボイストレーニングは、うってつけの投資先かもしれません。

One Point Lesson

良い声は、聞いていて気持ちがよく、強く記憶に残ります。たとえ、英語が下手で、話す内容が稚拙でも、「また、この人と話がしたい」と思わせることができるのが、魅力ある声です。

—休息 — Mental Care —

休息もパフォーマンスを向上させる大事な「仕事」

Point　メンタルを整えるのも大切な仕事

ここまで、振る舞い方について、かなり細かい話までしてきました。なかには肩の凝る話もあったかと思います。最後にご紹介するのは、ニューヨーカーの休息の話です。

彼らも24時間３６５日、常に意識を高く保っているわけではありません。仕事がデキるビジネスパーソンほど、休暇を効率よくとり、精神的なケアも意識的に受けています。

ニューヨーカーにとっては、カウンセラーやセラピストから精神的なケアを受けることが、もはや当たり前のことになっていて、歯医者や美容室に足を運ぶように、カウンセリングに通っています。カウンセリングを受けられるのは、数ヶ月待ちという人気の精神科医もいるそうです。

彼らは、決して精神を病んでいるわけではありません。メンタルダウンを「予防」するためにカウンセリングを受けているのです。とくにリーマン・ショック以降、自殺者が増え、いかに自らの精神状態を正常に維持するか、一人ひとりのビジネスパーソンが真剣に考えるようになりました。

家族にも会社の同僚にも言えないような、自分の胸の内を話すことは、想像以上に心を楽にしてくれます。

日本ではまだまだ一般的ではありませんが、悩みを自分だけで抱え込まず、プロのカウンセラーに相談するのが、もっと当たり前のことになってほしいと思っています。

One Point Lesson

ニューヨークでは、多くのビジネスパーソンが、帰宅できるときには早く帰宅して家族団欒の時間を設けています。オンとオフの切り替えがきちんとできる人ほど、溌剌とした印象を受けます。

プレゼンス向上のために海外のビジネスエリートが受けるサービス、レッスン

海外のビジネスパーソンはアフターシックスや休日に、
自分を磨くことを欠かしません。ここでは、「魅せ方」を高めるのに
最適なレッスンをいくつかご紹介します。

ボイスレッスン
Voice Lesson

一流のプロによる指導は、効果が大きく違います。投資を惜しまずに、1回8000円〜1万円はかけたほうが、上達は早まるでしょう。人気講師は予定がすぐ埋まってしまうので、お金に余裕のある方は年間で契約しましょう。NYではメディア対応が頻繁にある企業の広報担当者が多く通っています。

プロトコール(国際儀礼)
Protocol

国や要人同士の国際交流の基本原則や公式儀礼を学びます。これらの知識は、ビジネスや個人間の交流を円滑に進める上でも、大いに参考になります。

ヨガ
Yoga

呼吸法とポーズを学び、瞑想を合わせて行なうことで、体を整え、心身の安定をはかることができます。DVDやアプリを使って、自宅でも簡単に試すことができます。1日5分程度から始められます。

ソーシャルグレイス（優雅な振る舞い）

Social Grace

社交の場での振る舞い方を学びます。これから海外へ赴任される方や、海外の方とのお付き合いがある方は、夫婦揃って、レッスンを受けるのもいいでしょう。

クローゼットアナリシス

Closet Analysis

イメージコンサルタントが、ワンシーズンに1回、クローゼットをチェックして、さまざまなTPOに対応できる機能的なワードローブを作ってくれます。こちらも、夫婦一緒にレッスンを受けるケースが多いです。

パーソナルショッピング

Personal Shopping

最適なスーツやシャツ、眼鏡、靴などを選ぶために、イメージコンサルタントが買い物に同行したり、代行したりします。

ここで紹介するのは、ごく一部です。
教養を高めたり、セルフブランディングに
つながるレッスンを受けて、
プレゼンスを引き上げましょう。

Advanced Lesson

The Party

パーティー、会食で差がつく「振る舞い」

1874年のロンドン。2人の男が全盛期の大英帝国の指導者の座を争っていました。1人は、自由党党首、ウィリアム・グラッドストン。もう1人は保守党党首、ベンジャミン・ディズレーリ。

投票日の1週間前、両氏と会食する機会を得た女性は次のように話します。

「グラッドストン氏と同席した後、私は彼こそイギリスでもっとも頭のいい男性だと思いました。でもディズレーリ氏と同席した後では、私は自分こそイギリスでもっとも頭のいい女性だと思えました」

これは、ディズレーリが人びとを惹きつけ、「この人についていきたい」と思わせる資質を備えていたことを表す有名なエピソードです。

あなたに素晴らしい実績があればあるほど、それを誇りたくなるかもしれませんが、あなたが持つ自信や実績は、言葉ではなく、装いや佇まいから伝えるほうが効果的です。「自分を良く見せよう」ではなく、「相手を良く見せよう」とすれば、ディズレーリのように、支持や信頼を得ることができるのです。

本項はパーティー会場や会食の席で、あなたの印象をグッと高める行動（アクション）についてご紹介します。

ワンランク上の挨拶

―パーティーの即効アクション1―

まず、パーティーでの紹介順序は、下位者から上位者へ、自分や自社の者を相手に紹介します。

そして、パーティーでの握手は、次のように行なうのがプロトコールです。

上位者から下位者へ、先輩から後輩へ、既婚者から未婚者へ、女性から男性へ（ただしビジネスの場合は、上位者から下位者へ）という流れです。

そして、**結婚式やイベントで着席しているときに、紹介を受けたら、必ず席を立つこと。**座ったまま紹介を受けるのは失礼ですので、気をつけましょう。

日本人は、会社の価値＝自分の価値と捉える傾向が強く、自己紹介の際に、「〜会社の〜です」「〜銀行の〜です」と、会社名からいうことがありますが、これでは会社の看板に頼っている印象を与えてしまいます。

「私は〜です」と名乗ってから、自分の専門を紹介し、会社名を伝えるのが、正しい順番です。

「名前→専門性→会社名」と覚えておきましょう。

社交界では、専門性や個性を重んじる価値観があります。挨拶の際は、たとえ名刺を渡さなくても、自分の経歴やスキルをわかりやすく伝えられるプロフィールを、何パターンか用意しておくといいでしょう。

小規模のパーティーであれば、主催者にすぐ挨拶に行けますが、数百人単位のパーティーではそうはいきません。主催者も大忙しで、一人ひとりに挨拶されると困ってしまいます。その場合は、ほかの来客者への挨拶を先に済ませ、主催者の身体が空いたタイミングを見計らって声を掛けるようにしましょう。

挨拶したい人を見つけても、誰かと話し込んでいるケースがあります。会話が終わるまで待つのが礼儀ですが、近くでじっと待ち続けるのはスマートではありません。時間は限られていて、すぐに話したい、そんなときは**ターゲットの身体と足先の向きをチェック**しましょう。

もし身体も足先も話し相手の方に向いていたら、関心や興味が強い状態なので、割って入るべきではありません。逆に、身体や足先が話し相手とは別の方向に向き始めたら、そろそろ会話を終わらせたい心理の表れであり、チャンスです。

突然、偉い人を紹介されても、変にへりくだる必要はありません。堂々と相手に興味を持ってもらえそうな自己エピソードや相手が知りたいと思えるエピソードを柔軟に提供していきましょう。

―パーティーの即効アクション2―

レディーファーストを徹底する

日本ではまだレディーファーストをするのが恥ずかしいと思われる方もいるようですが、どれだけ装いが完璧でもレディーファーストが自然にできていなければ、マナーを知らないと思われてしまいます。

女性のためにドアを開けておく。女性が先にドアから出られるように誘導する。上りエスカレーターに乗るときには、男性が後方に乗る。下りエスカレーターに乗る際には、男性が前方に乗る。

レストランでは、案内役の人がいる場合は、女性に自分の前を歩かせ、案内役がいないときには、自分が女性の前を歩いて誘導する。室内に入ったときはコートの脱ぎ着をさりげなくサポートする。

日本人はレディーファーストに慣れていないだけに、こうした作法を改めてチェックしておきましょう。**とくに海外のゲストで女性がいる場合は、レディーファーストを徹底しないと、評価を大きく落としてしまうので注意しましょう。**

—パーティーの即効アクション3—

十分に会話のネタを準備しておく

もし、さまざまな国の人が参加するパーティーに出席するなら、できるだけ多くの国の話題を仕込んでおくといいでしょう。

教養を持っている人でも、馴染みのない国の話題を提供するのはなかなか難しいものです。事前に、**相手の国の文化や歴史、その国ならではの行事、食べものに関する習慣や、教育事情、観光地**などを押さえておきましょう。また気の利いた質問や、自分が得意な話題も用意しておくとよいでしょう。

海外の方に、日本の話題を提供するのも喜ばれます。ただし、日本の皇室の話題は、海外の方も興味を持ちますが、海外のロイヤルファミリーについては軽々しく話すのは控えましょう。

サウジアラビアなどのイスラム諸国やカンボジアでは要注意です。とくにタイの王室についてネガティブなことを口にすると不敬罪で罰せられることもあります。

政治の話題も、宗教が関係する場合があり、慎重になるべきです。

日本では国のトップは首相ですが、国のトップに位置づけられる人は、国によって違います。その国を訪れる際は、事前に調べておきましょう。

―パーティーの即効アクション4―

パーティー会場では誰よりも動き回る

国によるコミュニケーション方法の違いを説明するのに役立つ考え方として、アメリカの文化人類学者であるエドワード・T・ホールが唱えた「**ハイコンテクスト文化とローコンテクスト文化**」という概念があります。

「コンテクスト」とはもともと「文脈」「背景」などを意味しますが、ここでは、それぞれの国や地域の人びとがもつ共通の「言語」「知識」「体験」「価値観」「ロジック」「嗜好性」などを指します。

日本を含むアジア圏の国々は、ハイコンテクスト文化に属します。ハイコンテクスト文化とは、共有されている価値観や感覚、体験が多い文化のことです。ボディランゲージなどを通してお互いが何を意図しているのかを察し合うことで、ある程度通じ合えるコミュニケーション環境があります。

ハイコンテクスト文化においては、いちいち説明しなくても解り合えるものが多いゆえに、「強く主張しなくても相手は分かってくれるだろう」という甘えがどこかにあります。

この考えをベースにローコンテクストの人びととコミュニケーションをとると、のちのち大きな誤解やトラブルを生むことも起こり得ます。

言うまでもなく**欧米は、ローコンテクスト文化に属します**。ローコンテクスト文化には、さまざまな人種、宗教や歴史、価値観や人生観・倫理観を持った人びとが多いため、「きちんと話さなければわからない環境」です。そのためには、自己表現力やディベート力、説得力、交渉力などを磨いて、自分の考えや意思を積極的に主張する必要があるのです。

ローコンテクスト文化の欧米の国々では、平等主義の影響もあり、パーティーの際に社長自らが、会場中を歩き回ります。「人間はみな対等」「相互主義」というスタンスで、CEOなどの立場の人が、起業家や若者に率先して声を掛けるのです。いま業界の前線で何が起きていて、何を開発しようとしているのか、自ら最新の情報を摑みに行く。これが、ローコンテクスト文化の行動様式です。

一方、**日本は逆で、階層主義が強く残っています**。大企業の社長が、カジュアルな恰好をしているベンチャー企業の若い社長に話しかけることなど許されないという文化が、いまだに根強く残ります。すると、行動パターンもすごく限られてしまい、社長やCEOといった立場にある人は、自分と同等の立場の人としか話さなくなります。これでは、入ってくる情報はありきたりで、新しい発見は期待できないでしょう。

国際社会で活躍するエリートは、共通背景が少ないローコンテクスト文化に適応するため、身だしなみや装い、振る舞いをトータルで学んでいます。ローコンテクスト文化においては、相手との信頼関係を決めるのが、ひと目で分かる「見た目」なのです。「話さないとわからない」環境だからこそ、見た目が担う役割がとても大きいといえます。

同じアジアでも、中国は、見た目に気を遣うビジネスパーソンが増えており、ローコンテクスト文化に移行しつつあります。グローバル社会への順応性という点では、残念ながら、日本は中国の後塵を拝しているといえます。

「壁の花」にならないこと

日本の伝統には素晴らしいものがたくさんありますが、「いちいち言わなくても伝わる」「説明しなくても汲み取って欲しい」という考え方は、いまのグローバル社会においては、ネックになっていると思います。

これだけ速いスピードでビジネスシーンが移り変わる現代では、積極的に言葉でコミュニケーションを図り、自分から動いてアピールをしていかないと、チャンスを掴むのは難しいでしょう。

パーティーでは、大名行列のごとく、何人ものお付きの人が社長を取り囲んでいたり、仲間同士で固まっている日本人の姿をよく見かけます。これでは、周りから声を掛けづらく、ほかのゲストにも失礼です。

パーティー会場で一ヶ所に日本人同士でずっと留まっていたり、終始、フロアの端に立ち、「壁の花」になったりしている人たちも同様です。

手持ち無沙汰で困ったときは、一度でも会ったことがある人を探して、「また会いましたね」と気さくに話しかけてみましょう。

人脈をつなぐパーティーの場合、主催者としては、自分が取り持たなければ会話のできない人たちは、世話がかかるので好ましく思われません。

逆に、コミュニケーションに長け、主催者に花を持たせていい気持ちにさせてくれる人は、たとえ役職がなくてもパーティーによく呼ばれます。そして彼らは、パーティーでは、同じ場所に留まることはなく、自ら動き回り、多くの人とコミュニケーションを取って、人脈を構築し、ビジネスチャンスを探しているのです。

エントランス、ビュッフェエリアや壁際といった「NGゾーン」は避けて、どんどん動き回りましょう。

―パーティーの即効アクション5―

ドリンクは利き手と逆の手で持つ

パーティーでドリンクを受け取るときに、あなたは右手と左手どちらで受け取りますか。あなたが右利きなら、右手で受け取ると思いますが、右手は握手をする手です。右手でドリンクを持っていると、手が冷えますし、水滴が付いてしまうかもしれません。握手の際、相手の手を水滴で濡らせば失礼になりますし、冷たい手で握手をすると、相手は無意識に、その人の内面を「冷たい人間」と見なしがちだという心理学のデータもありますので、注意したほうが良さそうです。

パーティーやイベントなどでは、人と握手をする右手は、つねにフリーの状態で温めておくことが相手への気遣いにもなります。グラスをペーパーで包むのも、見た目を損なうので、できるだけ避けましょう。

ちなみに、パーティー会場へ到着してすぐに、ビュッフェコーナーに駆け込んで、食事を取りに行く方がいらっしゃいますが、これはエレガントな行為ではありません。パーティーの目的は食事ではありませんから、事前に軽く食事をしておきましょう。

―パーティーの即効アクション6―

パートナーを連れていく

海外の社交の場には、夫婦で招待されるケースがよくあります。しかしこうした場で、奥さまの扱い方が分からず、悩む日本人は多いのではないでしょうか。

奥さまを置き去りにして、自分だけ名刺交換していてはいけません。海外では、奥さまを上手に扱うことは、ビジネスパーソンの必須スキルです。最近では、大学のＭＢＡコースでも、夫婦同伴で受講できる「ソーシャルグレイス」の講座が設けられているほどです。

もっとも簡単で取り組みやすいテクニックを伝授しましょう。それは**日頃から、レディーファーストを徹底する**ことです。普段から、女性を敬うアクションをしていない男性が、パーティーで自然に振る舞うことはできません。

日本には謙遜の文化がありますが、海外ではまったく通用しません。「きれいな奥さまですね」と言われたら、あなたはどう返答しますか。「とんでもない。うちの愚妻なんか…」と言った途端、場が凍ることは容易に想像できます。

「妻の手料理は世界一だよ」「長年にわたりボランティア団体を率いていて、ニューヨーク

市から表彰されたんだ」とここぞとばかりに奥さまを褒めちぎりましょう。

「自分の妻は素晴らしい」と褒めるのは、そんな素敵な女性と結婚した自分を評価する表れでもあります。

それでもやはり人前で褒めるのは気が引けるという方は、奥さまではなく、自分を「下げる」と嫌みに聞こえません。


「僕は料理がまったくダメなんだけど、妻の料理はスペシャルなんだ」

「仕事しかとりえのない私には、仕事とボランティアの両方に励む妻が輝いて見える」


このようないい方ならばオーケーです。

海外ではとくに、**身近な人と円滑な関係を築けていることは、成功のひとつ**と捉えられます。さらに「家族をすごく大切にしている人」とみなされることも強力なアピールになります。

家族を大切にする人は、社員も大切にできる、一番身近にいる人を大切にできない人が、なぜ血のつながっていない社員を大切にできるのか――。海外の人はそう判断します。

ことほどさように、夫婦同伴のイベントでは、自分の妻の扱い方がとても重要となってくるわけです。うまく事を運ぶためにも、事前に、自分の妻も含め、女性陣への「褒めポイント」を仕込んでおきましょう。きっと会話の役に立ってくれるはずです。

究極の「自己演出」はこの映画から学べ

美しい洋装のまとい方や
振る舞い方について学べる映画をご紹介します。
教養を学ぶ意味でも、観て損をしない名作ばかりです。
ぜひ、自己演出にお役立てください。

1

カサブランカ
Casablanca

マイケル・カーティス監督／１９４２年／米

かつての恋人イルザ・ラント（イングリッド・バーグマン）とレジスタンスの指導者であるイルザの夫を、自らの愛を失う代償に助けるリック（ハンフリー・ボガート）のダンディズムが描かれた名作。ハンフリー・ボガートのダンディな佇まいが印象的です。

2

ローマの休日
Roman Holiday

ウィリアム・ワイラー監督／１９５３年／米

ローマを表敬訪問した某国の王女と新聞記者（グレゴリー・ペック）の切なくも微笑ましい24時間の恋物語。グレゴリー・ペックが、上品なオードリー・ヘップバーンと並んでも清潔感を失うことなく、上品な紳士として画面に映える着こなしを見せています。働く男のリアルな服装という点でも参考になるでしょう。

3

『アラバマ物語』

To Kill a Mockingbird

ロバート・マリガン監督／1962年／米

人種的偏見が根強く残るアメリカ南部で、白人女性への暴行容疑で逮捕された黒人青年の事件を担当する弁護士役をグレゴリー・ペックが熱演。誠実で優秀な印象がスーツ姿から漂います。とくにクライマックスの法廷シーンの着こなしは、メガネ姿も相まって、説得力抜群。現代でも通ずるクラシックスタイルを学ぶことができます。

4

『山猫』

Il gattopardo / Le Guépard

ルキノ・ヴィスコンティ監督／1963年／伊・仏

とあるイタリア貴族ファミリーの興亡を耽美的に描いた作品。アラン・ドロン演じるタンクレディの美しい衣装と、ダンスシーンで女性をエスコートする姿に注目しましょう。貴族文化の優雅さとボディランゲージの醍醐味を味わえます。

5

『ベニスに死す』

Death in Venice

ルキノ・ヴィスコンティ監督／1971年／伊・仏

ベニスを訪れた年老いた作曲家アッシェンバッハ（ダーク・ボガード）は、ポーランド貴族の美少年タジオに理想の美を見出し、ベニス中をさまよい続けます。タジオ役のビョルン・アンドレセンの洋装姿が美しく、ダーク・ボガードのこなれたスーツ姿も魅力的です。クラシック音楽の音色と映像美の融合に、感性が磨かれます。

6

『ゴッドファーザー』

The Godfather

フランシス・フォード・コッポラ監督／1972年／米

イタリア系アメリカ人のマフィア一族の栄光と悲劇の歴史を描いた作品。マーロン・ブランドやアル・パチーノのスーツの着こなしが参考になります。作品冒頭、マーロン・ブランド演じるヴィトー・コルレオーネの葉巻をくゆらせる姿には、究極のダンディズムが漂います。

7

『フォロー・ミー』

Follow Me!

キャロル・リード監督／１９７２年／英

ヒッピーの妻と、その素行を疑う一流会計士の夫、尾行を依頼された探偵という三角関係を描いています。ロンドンの街を歩き回る探偵役のトポルの恰好が、カジュアル過ぎずにお洒落です。

8

『スティング』

The Sting

ジョージ・ロイ・ヒル監督／１９７３年／米

ギャングの攻防をテンポよく描いたコメディ作品。ポール・ニューマンとロバート・レッドフォード演じる2人の詐欺師のかけあいが痛快です。洒脱な着こなしはアフターファイブの装いの参考になりそうです。

9

『愛と哀しみの果て』

Out of Africa

シドニー・ポラック監督／１９８５年／米

メリル・ストリープ演じる裕福な未婚女性カレン・ディネーセンがアフリカに移住し、数々の災難に直面するも懸命に生き抜く姿と、デニス（ロバート・レッドフォード）とのラブロマンスを描く名作。野性的でありながらも品を失わないロバート・レッドフォードの立ち姿がしびれます。

10

『アンタッチャブル』

The Untouchables

ブライアン・デ・パルマ監督／１９８７年／米

禁酒法時代のアメリカのシカゴを舞台に、正義のためにギャングのボスと戦うアメリカ官僚チーム「アンタッチャブル」の戦いの日々を描いています。主任捜査官エリオット・ネスを演じるケビン・コスナーを始め、脇を固めるショーン・コネリー、アンディ・ガルシア、敵役のロバート・デ・ニーロらが着こなすアルマーニの衣装が見ものです。

11

『華麗なるギャツビー』
The Great Gatsby
バズ・ラーマン監督／2013年／米・豪

イェール大学を卒業し、証券会社で働く青年ニック・キャラウェイをトビー・マグワイアが熱演。レオナルド・ディカプリオ扮するジェイ・ギャツビーのタキシード姿はぜひ参考にしてください。

12

『キングスマン』
Kingsman: The Secret Service
マシュー・ヴォーン監督／2014年／英・米

ロンドンのサヴィル・ロウにある高級テーラー「キングスマン」（じつはスパイ集団）に属す青年をタロン・エガートンが演じます。とにかくスーツの着こなしと所作が美しく、そのまま真似したくなるでしょう。

Conclusion
おわりに

平成が間もなく終わります。

私にとってこの平成の30年間は、社会に出て、イメージコンサルタントという仕事を志し、そのキャリアを積み上げてきた、成長と変化の時代でした。

皆さまにとって、平成は、どのようなキーワードや形容詞でイメージされる時代だったでしょうか。

インターネット、世界的不況、グローバリズム、巨大地震……。平成に関するさまざまなキーワードが思い浮かびますが、『朝日新聞』が２０１８年4月に行なった、平成がどんな時代だったかをキーワードで選ぶ調査では、「動揺した時代」が42％で最多、次いで「沈滞した時代」が29％と、平成は決して、明るく希望のあふれる時代ではなかったことがわかります。

私は仕事を通じて、ニューヨークや東京で、政治やビジネスの最先端で活躍する方々と接していくことで、時代の変化を感じ取ってきました。

とくに、9・11（アメリカ同時多発テロ事件）、リーマン・ショック、トランプ大統領の就任など、歴史に刻まれる出来事によって空気が大きく変わることを肌で感じました。最近では、多様性を否定するような、分断をあおり、他者への寛容さを失っているような、そんな空気を感じることが気になっています。

平成時代のアメリカの空気を私なりに表現するとしたら、「混沌」ではないかと思います。そして世界もいま、「混沌」の渦中にあり、今後ますます先を見通せない時代になっているのではないかと思うのです。

そうした時代にあって大切なのは何か――。

それは、「国籍や文化、宗教の違いを超え、一目で信頼され、魅力を感じてもらう人間力」ではないかと考えます。

本書で書かせていただいた装いや振る舞いの方法論は、ビジネスや政治、社交界をリードする先達たちが作り、洗練させ、世代を超えて継承してきたものです。

さまざまな文化や背景を持つ私たちが、できるだけ互いの壁を取り除き、気持ちよく円滑にコミュニケーションを進めるために作られたプロトコールやマナーが基本となっています。

世界が混沌とし、不透明であればあるほど、信頼される装いや振る舞いは、ますます重要となります。

本書では、皆さまの魅力を引き立てるためのメソッド「身だしなみ」「装い」「振る舞い」の観点からご紹介してまいりました。

現在ビジネスの第一線で活躍している皆さまや、これから世界の舞台に出ていこうとしている次世代の方々に読んでいただき、ぜひビジネスライフで実践してほしいと願っております。

最後になりましたが、本書を最後までお読みくださった読者の方々に感謝を申し上げます。また、出版の機会を与えてくださいましたＰＨＰ研究所様、および担当編集者の大隅元さんに、心より御礼を申し上げます。

参考文献

『ボディランゲージを読む』野村雅一（平凡社 1994年）
『からだのメソッド』矢田部英正（ちくま文庫 2012年）
『身ぶりとしぐさの人類学』野村雅一（中公新書 1996年）
『しぐさの人間学』野村雅一（河出書房新社 2004年）
『日本人の感情世界』工藤力＋ディビッド・マツモト（誠信書房 1996年）
『異文化理解力』エリン・メイヤー（英治出版 2015年）
『誤解される日本人』メリディアン・リソーシス・アソシエイツ編 賀川洋著（講談社インターナショナル 1997年）
『日本人はなぜそうしてしまうのか』新谷尚紀（青春出版社 2012年）
『演技核心論』友澤晃一（論創社 2005年）
『人はなぜ「美しい」がわかるのか』橋本治（ちくま新書 2002年）
『微笑みのたくらみ』マリアン・ラフランス（化学同人 2013年）
『顔は口ほどに嘘をつく』ポール・エクマン（河出書房新社 2006年）
『出世する人の英語 アメリカ人の論理と思考習慣』小林真美（幻冬舎新書 2018年）
『できるアメリカ人11の「仕事の習慣」』岩瀬昌美（日経プレミアシリーズ 2017年）
『世界で活躍する人が大切にしている小さな心がけ』石倉洋子（日経BP社 2015年）
『国際ビジネスのためのプロトコール』寺西千代子（有斐閣ビジネス 2000年）

『セビロの哲学』 星野醍醐郎（毎日新聞社 １９６８年）
『スーツ＝軍服!?』 辻元よしふみ（彩流社 ２００８年）
『プロトコールとは何か』 寺西千代子（文春新書 ２０１６年）
『国際マナーのルールブック』 杉田明子（ダイヤモンド社 ２００４年）
『卒アル写真で将来はわかる』 マシュー・ハーテンステイン（文藝春秋 ２０１４年）
『エロティック・キャピタル』 キャサリン・ハキム（共同通信社 ２０１２年）
『Distinction』Pierre Bourdieu（Routledge ２０１０年）
『APA Handbook of Nonverbal Communication』David Matsumoto, Hyisung C.Hwang and Mark G. Frank（Amer Psychological Assn ２０１５年）
『Body language at work』Peter Clayton（Barnes & Noble Books ２００３年）
『The Charisma Myth: How Anyone Can Master the Art and Science of Personal Magnetism』Olivia Fox Cabane（Portfolio ２０１３年）
『Winning body language for sales professionals』Mark Bowden（McGraw-Hill Education ２０１２年）
『The silent language of leaders』Carol Kinsey Goman（Jossey-Bass ２０１１年）
『Best Impressions』Dawn E. Waldrop（Best Impressions １９９７年）
『What Every BODY Is Saying: An Ex-FBI Agent's Guide to Speed-Reading People』Joe Navarro and Marvin Karlins（William Morrow Poperbacks ２００８年）
『Emotions Revealed』Paul Ekman（Henly Holt & Co. ２００７年）
『Unmasking the Face: A Guide to Recognizing Emotions From Facial Expressions』Paul Ekman and Wallance V. Friesen（Malor Books ２００３年）
『Nonverbal Communication: Science and Applications』David Matsumoto, Mark G. Frank and Hyi Sung Hwang（SAGE Publications, Inc ２０１２年）

イメージ写真提供元

・時事………Ｐ１０４
・AFP＝時事………Ｐ36，Ｐ37，Ｐ82、Ｐ１５８－１５９，Ｐ２３５，Ｐ２３９
・dpa／時事通信フォト………Ｐ73
・Imaginechina／時事通信フォト………Ｐ81
・ullstein bild／時事通信フォト………Ｐ１１５
・SPUTNIK／時事通信フォト………Ｐ１４７
・EPA＝時事………Ｐ１８５，Ｐ２１８
・Adobe Stock………Ｐ24－25
・ゲッティイメージズ（フォトグラファー）………Ｐ２（Bill Diodato），Ｐ50－51（DennisFischerPhotography），Ｐ89（Chad Johnston），Ｐ１０８－１０９（kworq），Ｐ１２４（Ojo Images），Ｐ１６４（BONDART），Ｐ１９０－１９１（Matt Mawson），Ｐ２０１（Emmanuel Faure），Ｐ２３３（Getty Images），Ｐ２５４－２５５（Ernst Haas），Ｐ２７１（Tooga）
・バーバー・オイカワ………Ｐ84
・KIEHL'S SINCE 1851（キールズ）………Ｐ１０７
・FAST RETAILING CO., *LTD.* ………Ｐ１８３
・長谷川 博一………Ｐ１８４

著者略歴

安積陽子

Asaka Yoko

一般社団法人
国際ボディランゲージ協会代表理事

アメリカ合衆国シカゴに生まれる。ニューヨーク州立ファッション工科大学でイメージコンサルティングの資格を取得後、アメリカの政治・経済・外交の中枢機能が集中するワシントンD.C.にて、大統領補佐らを同窓に非言語コミュニケーションを学ぶ。そこで世界のエリートたちが政治、経済、ビジネスのあらゆる場面で非言語コミュニケーションを駆使している事実を知る。

2005年からニューヨークのImage Resource Center of New York社で、エグゼクティブや政治家、アナウンサー、文化人、実業家らを対象にニューヨーク最新のインプレッション・マネジメント（印象管理）のトレーニングを提供。2009年に帰国し、Image Resource Center of New Yorkの日本校代表に就任。2016年、一般社団法人国際ボディランゲージ協会を設立。表情や姿勢、仕草から相手の心理を正しく理解し、人種、性別、性格を問わず、誰とでも魅力的なコミュニケーションがとれる人材を育成するために、非言語コミュニケーションのセミナー、研修、コンサルティング等を行なう。

著書に『NYとワシントンのアメリカ人がクスリと笑う日本人の洋服と仕草』（講談社＋α新書）がある。

CLASS ACT

クラス・アクト　世界のビジネスエリートが必ず身につける「見た目」の教養

2019年3月14日　第1版第1刷発行

著者
安積陽子

発行者
後藤淳一

発行所
株式会社PHP研究所
東京本部
〒135－8137　江東区豊洲5－6－52
第二制作部ビジネス出版課　☎03－3520－9619（編集）
普及部　☎03－3520－9630（販売）
京都本部
〒601－8411京都市南区西九条北ノ内町11
PHPINTERFACE　https://www.php.co.jp/

ブックデザイン
新井大輔

イラスト
竹田嘉文

組版
朝日メディアインターナショナル株式会社

印刷所
凸版印刷株式会社

製本所
株式会社大進堂

Printed in Japan　ISBN978-4-569-84246-2